いま読む！名著

ケインズ
『雇用・利子および貨幣の一般理論』
を読み直す

伊藤宣広
Nobuhiro ITO

投機は経済を安定させるのか？

現代書館

いま読む！名著

投機は経済を安定させるのか？

ケインズ『雇用・利子および貨幣の一般理論』を読み直す

＊

目次

序章

投機と投資

はじめに

投機は経済を安定化させるのか？

経済学者の多くはこの問いにイエスと答え、実務家の多くはこの問いにノーと答えるだろう。世間一般のイメージでも答えはノーかもしれない。

安すぎるものは買われ、高すぎるものは売られるという意味において、投機とは、市場メカニズムを体現したもの、あるいは市場の論理そのものでもある。したがって、この問いは、市場経済は安定的か、という問いと置き換えることもできる。これを肯定しない経済学者は現代においては異端とされる。

ケインズを含む二〇世紀前半のケンブリッジ学派の経済学者が共有していたヴィジョンの一つは、市場経済は不安定である、というものであった。その一因は、投資、ひいてはその予想収益が移ろいやすい点にある。ケインズ主義について語られる場合、赤字財政や大きな政府といったイメージが独り歩きし、こうしたヴィジョンが省みられることは少ない。

二〇世紀を代表する経済学者ジョン・メイナード・ケインズは数多くの名言を残しているが、二一世紀において、我々がぜひとも傾聴すべきメッセージをあえて一つ挙げるとすれば、私は以下の一節を選びたい。

投機家は、企業の着実な流れに浮かぶ泡沫としてならば、なんの害も与えないであろう。しかし、企業が投機の渦巻のなかの泡沫となると、事態は重大である。一国の資本発展が賭博場の活動の副産物となった場合には、仕事はうまくいきそうにない。[*1]

ケインズの主著『雇用・利子および貨幣の一般理論』（以下、『一般理論』と略記）第一二章に登場する有名な一節であり、過去、幾度となく引用されてきた。古今東西、歴史をひもとけば、金融危機の後に投機に対する嫌悪感が人々のあいだに蔓延するという現象は普遍的にみられる。それゆえ、投機を良いものとして肯定する経済学には、マネーゲームを是とする、どこかうさんくさいもの、という目が向けられがちである。金融危機後にケインズに対する再評価の機運が高まる傾向にあるのは、その反動、という面があると思われる。

ただし、ケインズは必ずしも投機それ自体を悪として糾弾したわけではない。むしろケインズ自身が百戦錬磨の投機家であった。個人投資家ならびに機関投資家として、数十年にわたって相場を張り、金融市場を知り尽くしていたケインズは、投機の問題に生涯をかけて向き合った経済学者である。そのケインズの中心的メッセージの一つは、投機マネーが経済全体を覆うほど巨大化すると、社会に大きな不安定性をもたらすということである。これは、マクロ経済学の教科書に描かれているケインジアン・モデルからは読み取れない点であり、二一世紀のいまケインズを再評価する際、見直されるべきは、IS－LMといったモデルよりも、むしろこちらのヴィジョンではないか、というのが本書の問題意識である。ケインジアン・モデルに対して、期待や貨幣の役割を軽視している、という批判が投げかけられることがある。しかし、ケインズほど人々の心理やマネーの動きの重大さ、恐ろしさを熟知していた人物はいない。

本書は、ケインズの主著『雇用・利子および貨幣の一般理論』を手掛かりに、投機と投資の問題を考える。サブタイトルに「ケインズ『雇用・利子および一般理論』を読み直す」と銘打っているが、『一般理論』を一から丁寧に解説した書物ではない。またケインズの業績や『一般理論』の内容について、ある程度はカバーしているものの、すべての活動を網羅的に論じているものでもない。『一般理論』の優れた解説書は既にたくさん存在するし、私自身のケインズ解釈は、拙著『現代経済学の誕生』(中公新書、二〇〇六年)や『ケンブリッジ学派のマクロ経済分析』(ミネルヴァ書房、二〇〇七年)などでも述べている。

本書は、玄人の投機家として自身でも相場を張り、巨額の富を築いたケインズの生涯、またその思想遍歴を踏まえつつ、投機と投資をめぐる問題について議論することで、二一世紀の現代において改めてケインズを読むことの意義について考えることを主な目的としている。

ケインズの投機活動については、ハロッドをはじめ、モグリッジ、スキデルスキーといった伝記作家の手によって概要が明らかにされてきた他、近年も海外(特にイタリア)の研究者の手により、個別の事案についてさらに詳しい研究が精力的に進められつつある。わが国では那須正彦氏の名著『実務家ケインズ』がある。

しかし、それでもまだわからないことがたくさん残されている。むしろ、断片的であれ、一世紀近く昔の一個人の投資活動について、これほど多くの情報が残っていること自体が驚くべきことかもしれない。したがって、本書の議論のなかには、文献考証で裏付けられるものばかりではなく、筆者の所見、個人的解釈をかなり大胆に述べている点もあることをお断りしておきたい。ケインズほど多彩な顔をもった経済学者は珍しい。研究者が一〇〇人いれば一〇〇通りのケインズ解釈がある。本書もその一つである。

ケインズは特定の考えや教義に固執することがなかった。自由主義者であったが、必要とあれば保護貿易を支持することもあった。(現代の教科書的理解とは正反対に)数量調整よりも価格調整を優先する理論をつくって「古典派」から批判されたこともあった。正統派の経済学者が公共事業を提唱しているときに、緊縮財政を是とした時期もあった。チャーチルが言ったとされる有名な言葉がある。「イングランドの主要な経済学者六人に質問をすると、七つの答えが返ってくる。そのうち二つはケインズ氏からだ」。

ケインズが情勢の変化にあわせて日々柔軟に考えを変えてきたことに鑑みると、文献考証によって「本当に正しいケインズは何か」を跡付けようとする経済学史的作業には、困難がともなう。『一般理論』は同業の経済学者に論争を挑むための書であって、少なくとも本人の意図としては、経済学者ケインズの生涯の仕事を集大成した決定版という位置付けの本ではなかったからである。結果的に『一般理論』がケインズ最後の著書となったというだけで、仮にケインズがもっと長生きしていれば、『一般理論』の立場からも考え方を変えた可能性が高い。実際、『一般理論』刊行後に発表された論文では、『一般理論』の立場からの修正もみられる。その意味では、訓詁学的な研究は、仮に成功したとしても、せいぜい「一九三六年の時点でケインズが考えていたこと」を正しく明らかにできたというにすぎない。そこにケインズ研究の難しさがある。

一〇年前、『現代経済学の誕生』を書いたとき、伊東光晴先生（京都大学名誉教授）から大きな宿題をいただいた。二一世紀において、我々はケインズからどのようなメッセージを汲み取るか、いまあえてケインズを読む意味は何か、何のためにケインズを研究するのか。これについて私なりに一〇年間考えた一つの答えが本書の主題になっている。

本書の概要

本書は五つの章からなる。

第1章では、ケインズの経済学者としての略歴を述べた後、ケンブリッジ学派におけるケインズの位置付けを確認する。そのうえで、失業に対する考え方として古典派モデルとケインジアン・モデルの対比をしつつ、ケインズ経済学の特徴について考察する。投機を主題とする本書の入り口で失業というテーマを取り上げるのには理由がある。失業問題も、根本のところにさかのぼれば投機と投資の問題が深く関係しているためである。

手始めに、ケインズ経済学とそれ以前の（あるいは皮肉なことに、それ以後の）経済学とでは、失業に対する考え方において大きな相違があることを、予備的作業として再確認しておく必要がある。

『一般理論』におけるケインズの主張は、失業の真の原因は労働市場にはなく、金融市場にある、というものであった。経済理論史における『一般理論』の最大の功績は、国民所得決定理論を樹立した点にあるが、この理論を掘り下げていくと、投機という問題がきわめて重要な役割を担っていることがわかる。詳細は後述するが、鍵となる概念の関係のみここで端的に述べておくと、不況や失業は有効需要が不足するために生じる。有効需要とは購買力の裏付けをもった需要のことであり、消費需要と投資需要からなる。投資を決めるのは、資本の限界効率（予想利潤率）と利子率であり、利子率を決めるのは流動性選好（貨幣需要）と貨幣供給である。その流動性選好説の核心には投機の問題がある。

政策に関していえば、本来の意味でのケインズ政策とは、まずは金融政策を試み、それで効果が出ない場合には財政政策を検討する、というものであった。戦後のアメリカのケインジアンの視界からは前者が欠落し、ケインズ政策＝財政政策という理解が広まった。そのため、ケインズ経済学では金融政策は無効といった誤解が生まれることになったが、ケインズ自身は金融政策を無効とも万能とも考えていない。

第2章では、第二次世界大戦後のケインズ主義の隆盛と衰退について論じる。ケインズ経済学は、アカデミズムの世界には『一般理論』出版直後から大きな衝撃を与えたが、政策レベルで受容されるようになったのは主にケインズ没後においてであった。第二次世界大戦後、経済の中心もイギリスからアメリカにシフトし、サムエルソンらのリーダーシップのもと、ケインズ経済学はアメリカで開花し、黄金時代を築いた。

一九七〇年代になると、とりわけアメリカにおいてケインズ主義に対する批判が高まっていく。ケインジアン批判のなかには、貨幣や金融を軽視しているという、一部のケインジアンへの批判としては妥当であっても、ケインズ自身に対する批判としては全く不当なものもあった。貨幣をめぐるケインジアン、ケインズ、マネタリズム等の立場、理解の違いをめぐっては大きなねじれが存在しているが、第2章ではこのねじれた関係を解きほぐすことを課題とする。それは、現在のマクロ経済学という学問のあり方、ひいては、いまケインズを読むことの意味にも関わる重要な点である。

また、ケインズ経済学が期待の役割を軽視しているという主張にも異議を唱えたい。ニュー・ケインジアンは、その体系に合理的期待形成仮説を取り入れているが、本書はそれとは異なる意味において、合理的期待形成は、人々が将来の期待をある程度織り込むという観点からは、ケインズ自身の発想と親和的な一面をもっていることを指摘する。

第3章では、投機家ケインズの素顔を素描し、ケインズの投機遍歴を振り返る。ケインズは為替や商品や株式といった、当時でもリスクが高いとみなされていたものへの投資を好んだ。最終的には投機で大成功し、大きな富を築いたが、その道のりは平坦ではなく、何度も大敗し、破産の危機も経験している。

一九二五年に読んだスミスの『長期投資としての普通株』に感銘を受けたことが、その後のケインズの投資スタイルに大きな影響を及ぼした。自身の投資哲学としては、スミスの影響もあり、長期投資に開眼し、三〇年代後半にはバリュー投資を実践するようになった。しかし、彼の投資哲学は長期投資を志向しながら、実際の行動は三〇年代後半まで、高いレバレッジをかけた短期投機用の手法をとっており、思想と実践とのあいだに矛盾もみられる。レバレッジをかけた取引と長期投資とは相反するものであり、その両立は非現実的である。実際、ケインズの投機における数度の大敗は、すべて、高いレバレッジが仇となっている。晩年にはレバレッジを下げ、方向性としては、投機から投資へと向かっている。

第4章では投機をめぐる経済思想を考える。第一に、ケインズの師であったマーシャルの投機論はほとんど知られていないが、まずこれを簡単に紹介する。第二に、ケインズの「美人投票」の議論は通常、『一般理論』と結び付けて理解されているが、『貨幣論』の時点で同じ思想が既に表明されていることを指摘する。第三に、美人投票の含意についての私なりの解釈を述べる。一般的な投機擁護論は逆張りを前提としているが、順張りの投機という美人投票のロジックにこそ、投機は経済を不安定化させるというメッセージが内包されていることを指摘する。第四に、ケインズといえば美人投票の例えが有名で、またケインズは投機に成功して巨万の富を築いたことから、この両者が結び付けられがちだが、ケインズは美人投票戦略では手痛い失敗を蒙っている。彼が資産を築いたのは美人投票の論理とは全く正反対のバリュー投資の手法を考案・実践した結果であった。最後に、ケインズの投機論を現代のファイナンス理論のなかに位置付ける。

終章では、現代におけるケインズの遺産について考える。本書は具体的な政策提言を目的とする本ではないが、二一世紀においてケインズからどのようなメッセージを汲み取れるか、ここで改めて考える。

投機が経済を安定化させるか否かに対する答えは、ミクロとマクロとの関係をどのように捉えるかと密接に関わっている。ミクロの積み重ねがそのままマクロになるのであれば、ミクロ的に合理的な活動である投機はマクロ的にも好ましいということになる。そうではない、というのがケインズのメッセージである。

投機と投資

まず、投機と投資の違いについて考えてみたい。両者は何が違うのだろうか。

例えば『大辞泉』(第二版)によると、投機は「将来の価格の変動を予想して、現在の価格との差額を利得する目的で行われる商品や有価証券などの売買」、投資は「利益を得る目的で、事業・不動産・証券などに資金を投下すること。転じて、その将来を見込んで金銭や力をつぎ込むこと」、また「経済学で、一定期間における実物資本の増加分」と説明されている。マクロ経済学における投資の定義はこの後者の実物投資を指す。

『広辞苑』(第六版)では、投機は「②損失の危険を冒しながら大きな利益をねらってする行為。やま。」また「③市価の変動を予想して、その差益を得るために行う売買取引。」、投資は、「①利益を得る目的で、事業に資金を投下すること。出資。」「②比喩的に、将来を見込んで金銭を投入すること。」「③元本の保全とそれに対する一定の利回りとを目的として貨幣資本を証券（株券および債券）化すること。」「経済学で、一定期間における実物資本の増加分。資本形成」とされている。

また、投機とはキャピタルゲインを追求する行為であり、投資とはインカムゲインを追求する行為である、と分類されることもある。インカムゲインとは、証券を保有することで得られる配当や分配金などの収入であり、キャピタルゲインとは、買い値よりも高く売却することで、あるいは空売りした価格よりも安く買い戻すことで得られる売買差益のことである。

あるいは漠然と、投機は短期のマネーゲームだから悪いもの、投資は長期の堅実な運用が目的だから良いもの、といった印象を抱いている人もいるであろう。

さらに、ギャンブルは胴元が儲かるマイナス・サム・ゲーム、投機は誰かの得が誰かの損によってまかなわれ全員の損益を合計するとゼロになるゼロ・サム・ゲーム、投資は全員が得をする可能性のあるプラス・サムなゲームという見方もできるかもしれない。

ただ実際には、投機と投資を区別することが難しいケースも多く、両者の差は定義ほど明瞭ではない。

投機の本質

本書では投機を、将来の価格変化を予想し、そこから利益を得ようとする行為と定義したい。見方を変えれば、投機とは、将来に対して人々が互いに異なる予想を形成するからこそ、成立する行為である。投機的な売買の唯一の目標は、差益を稼ぐことにあり、買った値段よりも高く誰かに売りつけること、あるいは空売りした価格よりも安く買い戻すのが目的である。そのため、買い方は将来の価格上昇を予想しているし、売り方は将来の価格下落を予想しているといえる。そして、人によって見通しが違うからこそ価格がつき、取引が成立する。もし全員が同じ予想をしていたら、価格はつかず、取引は成立しない。暴騰ないし暴落が起きるのはこういう時である。大きな経済的ショックが起きたとき、なぜ暴落が起きるかといえば、市場参加者のほぼ全員が同じ方向への動きを予想して売り方に回り、買い手が現れないからである。そして、市場の動きに逆らって買おうとする人が出てくる水準まで、価格は下がり続けざるを得ない。

相場で儲けるためにはどうすればよいか。安い時に買って高い時に売ればよい。しかし、言うのは簡単であるが、それを実践することは難しい。そもそも、このようなことが簡単にできるならば、相場で損をする人はいない。問題は、現在が安い時なのか高い時なのか、必ずしもわからないことである。そして安い時というのは往々にして、多くの人がわれ先にと逃げ出し、市場が恐怖につつまれた時、心理的には最も買いにくい時である。誰もが相場などもうこりごりだと悲嘆にくれる、このような状況で買い向かうには勇気がいる。見通しを誤れば、その勇気が報われる保証もない。暴落した株を買って、その後反発すれば大きな利益を得ることができるが、その会社が倒産してしまえば投資した資金をすべて失う可能性もある。さらに、安い時に買うといっても、暴落が起こった時点で既にポジションを抱えていると、いざ安くなっても購入する余力が残っていないことも多いだろう。

投資とは

一般に、投資という言葉が使われる場合、二通りの意味がある。マクロ経済学上の実物投資と、金融投資（証券投資）である。

マクロ経済学でいう投資は、実物資本の増加を指す。新しい工場を建てるといった設備投資はその典型である。他にも、商品が売れ残って在庫が積み上がった場合、その在庫が将来売れることで収益につながるという意味で、在庫の増加は投資に分類される。例えばパン屋が今日焼いたパンについて考えると、それが今日売れなかった場合、まだ明日も店頭に並べて販売できるのであれば、国民経済計算上は、この売れ残りのパンは投資という扱いになる。

「株式投資」という言葉があるように、一般には、株の売買は投資の典型例のように思われるかもしれないが、マクロ経済学的にはこれは投資にならない。証券市場で既発行株式を売買する場合、買った人からみれば投資であっても、売った人からみれば同じ額のマイナスの投資であるため、全体としては相殺されてしまうからである。総じて、所有権が移転するだけの取引は、その個人というミクロの視点からは投資であっても、マクロ経済学的には投資とはならない。ただし本書では便宜上、こちらも投資と呼ぶことがある。

ケインズの『一般理論』では、実物投資と証券投資とが混在しており[*2]、意識的な区別をすることなく、単に「投資」という表現が用いられているため、わかりにくいが、これについては第4章で改めて触れる。

「株に手を出す」という言い回しがある。確かに、株式投資には儲かるかどうかという博打的側面があることは間違いないし、ネガティブな印象をもつ人も多い。株で成功した人には、汗を流すこともなく楽をして儲けているという非難が、失敗した人には、そらみたことかという軽蔑のまなざしが向けられやすい。投資は決して簡単ではない。素人が考えなしにやって簡単に儲けられるものではない。否むしろ考えなしにやれば勝敗は五分かもしれないが、なまじ考えるために高確率で負ける。需要と供給による近代経済学の生みの親であり、ケインズの師でもあったアルフレッド・マーシャルは、素人が相場を張ることを強く戒めている。いわく、玄人筋が相場を操縦できたり、インサイダー情報にアクセスできたりする環境では、素人が相場で勝つのは至難の業である、と。

対して、貯金や預金には堅実な響きがある。将来に備えてお金を貯める、着実に貯金をするという行為それ自体が、偉い、立派、しっかりしている、といったポジティブな印象を人に与える。

しかし、これらはものごとの一面である。このような先入観は、半分正しく、半分間違っている。半分正しく、というのはミクロ的には正しいということであり、半分間違っている、というのはマクロ的には間違っているということである。

本来、投資が社会にもたらす望ましい結果は、経済が成長し、賃金が上昇し、人々の暮らしが豊かになることである。その意味において、投資とは経済成長のエンジンであり、我々の暮らしになくてはならないものである。ほとんどの人は、株式会社によって生み出された財やサービスを享受している。リスクをとって新たな分野に投資する人がいなければ技術革新も生まれない。ときに恐慌や危機に見舞われることはあっても、長い目で見れば、投資はプラス・サムの結果を生み出す傾向がある。市場で資金を調達した会社が成長して大きくなっても、株主は誰も困らないし、その会社の株を買った人全員が利益を得るということもあり得る。この意味においては、株式投資は市場経済における成長の原動力でもある。市場経済の国で暮らす人々のほとんどは、株式会社の活動によって何らかの恩恵を受けているのであり、株式投資をすべてひとくくりにして博打として蛇蝎のように嫌う人は、この側面を見落としている。

境界線の曖昧さ

投機と投資はそれほどはっきり区別できる場合ばかりではなく、その境界線が曖昧であることも多い。証券投資についてみると、例えば、ある会社の成長性を見込んで長期投資のつもりで株式を購入したが、好材料が出てあまりにも急速に株価が高騰してしまったので、一旦、利益確定のため売却することにしたというケースを考えてみよう。この場合、当初の意図は長期投資であったが、実際の行動は結果的に短期の投機で成功した、ということになる。逆に、少し値上がりしたらすぐに売るつもりで購入したが、値下がりしてしまい、売り時を逸してずっと塩漬け保有を余儀なくされるというケースもあるだろう。これを投資と呼ぶかどうかはともかく、当初の意図は投機であったのに、結果的には（含み損を抱えての）長期保有が実現している。

　また、インカムゲイン狙いかキャピタルゲイン狙いかという区分も、それはあくまで当事者の当初の意図であって、必ずしも外部から客観的に確認できるわけではない。

　さらに言うならば、投機と投資とのあいだだけでなく、それらと消費との関係にも、グレーゾーンがある。

　例えば、子供にピアノのレッスンを受けさせるケースを考えてみよう。普通の子供にとって、これは習い事であり、サービスの消費である。しかし、その子供がプロのピアニストを目指しており、将来ピアニストとして生計を立てられるようになるならば、レッスン代は将来への投資といえるかもしれない。このピアノの部分を他の楽器やスポーツなどに置き換えても同じことがいえる。

　また、読書のために本を買うのは消費であるが、たくさん本を買って勉強して将来研究者になった場合、その本は将来への投資であったということもできるだろう。親が子供の将来を考えて、塾に通わせる、あるいは名門の小学校、中学校を受験させるといった行為も同様である（マーシャルは子供の教育への投資を最重要なものと考えて、教育こそが将来の経済発展をもたらすと主張した）。

　絵画や骨董品の購入にも同じ話があてはまる。ある無名の芸術家の作品に感銘を受け、それを良いものだと判断して買ったとしよう。その後、その芸術家の評価が高まり、作品の価格が高騰したとしたらどうだろうか。純粋に芸術的価値を認め、鑑賞するために買ったのであれば、それがいくらで売れるかなど気にする必要はない。その場合、消費であるといえる。他方、いずれこの芸術家は有名になり、作品の市場価格が高騰すると予想して安値で買っておいたということであれば、投機的な要素がある。しかしこの両者のあいだにはっきりとした境界線をひくことは難しい。鑑賞目当てで買ったが、後でお金に窮して売ってしまうということもあるだろうし、そもそもどのような意図で買ったかなどは本人にしかわからないことである。

したがって、経済学では便宜上、消費や投資を区別しているが、実際には同じ行為が消費と投資、投機といった複数の側面を持ち合わせていることは珍しくない。

投機は経済を安定化させるか?

投機に対しては、経済学者のあいだでも正反対の全く異なった評価がみられる。肯定側にも否定側にもそれぞれ言い分がある。

投機擁護論の代表的なものは、投機が価格を安定化させる、という主張である。すなわち、投機をする者は、価格が安いときに買って、価格が高いときに売るため、価格を需給均衡点に収束させる手助けをする、つまり市場の価格調整メカニズムを促進する、というのである。その最も有名な主張がミルトン・フリードマンの変動相場制擁護論のなかにみられる。フリードマンは、「投機は安定を損なうというよりむしろ安定に寄与している」とし、「投機が不安定化要因となりうるのは、平均して投機業者が……価格が低いときに売り、高いときに買う場合に限られる」[*3]と述べている。後者こそ、ケインズが「美人投票」の例えで言わんとしたことである。

投機に有用な側面が全くないわけではない。農家から小麦を購入し、それを製粉して小麦粉として販売する製粉業者の例を考えてみよう。事業には様々なリスクがあるが、ここで注目したいのは価格変動リスクである。小麦を購入してから小麦粉として販売するまでのあいだにはタイムラグがある。そのあいだの価格変化によって損失を被る可能性がある。しかし製粉業者にとって、そうした原料の価格変化による損得は好ましいものではなく、できればヘッジしたい（保険をかけたい）。そのとき、将来のある時点において、あらかじめ定められた価格で小麦粉を売るという先物取引を行うことで、リスクを他の誰かに移転することができる。このリスクを引き受けているのが、投機家である。買ってくれる人がいなければ売ることはできない。

この例からわかるように、投機と保険は表裏一体であり、また、投機は市場に流動性を供給するという役割を担っている。その意味で、投機が社会的に重要な役割を果たす側面は確実に存在する。そもそも、投機で儲けるためにはボラティリティ（価格などの変動幅）が大きい方がよい。投機筋にとって一番困ることは、暴騰でも暴落でもなく、価格が動かないことである。儲けるためには、意図的に価格の変動をつくり出す（つくり出せる）場合すらある。

価格変動を歓迎しない人々と、価格変動を歓迎する投機家がおり、それぞれのニーズに沿って、価格変動リスクが前者から後者に移転される。そのバランスがとれている状況では、投機にも有益な側面があるが、後者があまりに肥大化すると、社会そのものをゆるがす危険が生じる。この問題は、第4章で改めて議論したい。

投機の歴史的事例

冒頭で引用したケインズの言葉、すなわち一国全体が賭博場と化すとはどういうことか、その歴史的事例を簡単にみておこう。チャンセラーは、投機の熱狂を「資本主義のカーニバル、愚か者の祭り」と評している。[*4]

投機の歴史上最も有名な事例は、一七世紀オランダのチューリップ事件である。発端は、球根につくウィルスにより、珍しい縞模様のチューリップが生まれ、それが富の象徴と目されたことにある。そうした球根は、後に素晴らしい花を咲かせる可能性があるとして、高値で取引された。次第に好事家だけでなく、一般国民のあいだにもチューリップ熱が高まり、社会のほとんどの階層を巻き込む熱狂を引き起こした。一六三〇年代のピークには、銀行紙幣や東インド会社の株と変わらぬほど広範に流通していた。チューリップの球根は、ステージはさらに上がり、球根の現物が受け渡されるのではなく、まだ土のなかに埋まっている球根の先物取引が行われた。ここではチューリップの球根の売買ではなく、将来のある時点でチューリップの球根を定められた価格で売買する権利が取引された。すでに一七世紀にはアムステルダムやロンドンで、デリバティブ、特にオプション取引がリスク管理や投機の手段として用いられていたことは注目に値する。

最終的にチューリップの球根は、一個で当時の人々の年収の数倍にまで高騰したといわれている。こうした熱狂が永続することはない。誰かが正気に返ったとき、ふとしたことがきっかけで暴落がやってくる。投機家ですら、このような事態がいつまでも続くものではないことを確信しつつも、終わりが来る前に自分だけは首尾よく売り抜けることができると信じて疑わない。しかし、富を得て逃げ切れる人はきわめてわずかであり、多くの人は最後には大損をしてしまう。その後、オランダでチューリップは嫌悪されるようになったという。

一八世紀初頭のイギリスでは、国策として南海会社が設立された。この会社は政府債務を自社株に転換することで肩代わりする見返りに、政府からの利払いに加えて南米の植民地との貿易の独占権を与えられた。南海会社は政府に賄賂を贈り、政府は南海会社の株価つり上げを支援した。国王が南海会社株に投資しているというニュースは国民に安心感を与えた。しかしこうして生まれた熱狂にも、やがて終わりがやってくる。かのアイザック・ニュートンも南海会社の株で二万ポンドの損失を被っている。*5

この南海泡沫事件は「バブル」という言葉の語源になっただけでなく、その後のイギリス経済に大きな爪痕を残した。イギリスでは一七三四年、サー・ジョン・バーナード法が議会で可決され、空売り、先物・オプション取引が禁止された。*6 これはいかに投機が危険で有害か、という認識が広まったことにより実施された規制といえるだろう。同法はその後約一世紀にわたり効力をもち続けた。イギリス人のあいだに株式投資は博打だという印象を深く植え付けたのがこの事件であった。この「バブル」の記憶が尾を引き、その後のイギリスにおける巨大株式会社の発展を阻害したともいわれている。

その後、一八世紀中頃にコンソル債が生まれると、債券も投機の対象となった。リカード*7はナポレオン戦争に際して、ワーテルローの戦いの数日前に一世一代の大勝負に出た。リカードはイギリス国債を大量に引き受け、イギリスが勝利したことによって巨万の富を得た。なお、親友のマルサスはウェリントンが敗れた場合の恐怖にかられ、微益で手放してしまったという。[*9]

古典派経済学者の著作や、ケインズの師マーシャルの著作において、投機マネーが信用循環プロセスにおけるボラティリティを高めるロジックが詳しく描写されている。[*10] 伝統的な経済学においては、投機が経済を不安定化させるという認識は常識であった。

農産物の先物取引についても、先物取引は価格を不当に乱高下させるものとして、昔から農家や消費者の憎悪の対象となってきた。ドイツでは一八九六年に帝国議会で先物取引が禁止された。[*11]

バブルの歴史についての詳細は別の書物に譲るが、少なくとも数百年前から、投機の害悪、危険性は人々の間で広く認知されており、バブルの発生・崩壊→規制というプロセスはいまに始まったことではないということを確認しておきたい。デリバティブは決して目新しいものではない。先人たちが、よく知っていたものの、その危険性の大きさから規制されていただけである。危機に対する人々の記憶が風化したとき、金融の「イノベーション」と称するものが登場する。

我々は、歴史の教訓に謙虚に耳を傾けることで、大きな過ちを避けられる可能性があるが、残念ながら、人間はなかなか学習しない、ということもまた歴史の示す通りである。ガルブレイスは『バブルの物語』を以下のように締めくくっている。

愚者は、早かれ遅かれ、自分の金を失う。また、悲しいかな、一般的な楽観ムードに呼応し、自分が金融的洞察力を持っているという感じにとらわれる人も、これと同じ運命をたどる。何世紀にもわたって、このとおりであった。遠い将来に至るまで、このとおりであろう。[*12]

投機の二面性

序章では、ケインズの議論を検討するに先立って、まず投機と投資の本質について考察した。現代の正統派の経済学の教義では、投機はマクロ経済を安定化させる働きをもつとされるが、果たしてそうだろうか。過去の人類の歴史を振り返ると、投機の熱狂がバブルをもたらし、その反省から規制が強化され、やがて、ほとぼりがさめるとまた規制緩和がなされる、といったことを繰り返してきた。そして投機の害悪についても数多の指摘がなされてきた。

なぜ今日の経済学はこのような、人々の直感に反する教義を支持しているかというと、投機には、安すぎるものはいずれ値上がりし、高すぎるものはいずれ値下がりするという市場メカニズムを体現している側面があるからである。それは、市場経済は自由に放任されるべきか、適切に制御されるべきかという問題にもつながる。投機は社会を不安定化させるという観点から、後者の考え方を支持するのがケインズである。

ただし、投機をめぐっては難しい問題もある。投資を良いもの、投機を悪いもの、と簡単に割り切れないのは、両者の境界線がときに曖昧であるからである。汗を流さずお金儲けをするのはけしからん、あるいは、投機は有害であり規制すべきだ、といった原則論を掲げることはたやすいが、問題は、投機と他の経済行為との区別がつきにくいこと、また、実際に投機であったとしても、そうでないかのように偽装する手段はいくらもあるということである。投機の弊害が叫ばれつつも、その規制が進まない理由の一つはここにある。ただ、実際問題として、現代では様々なものの価格が、実需だけでは説明がつかないほど激しく乱高下しており、そこには投機マネーの動きが介在しているということには、一定の合意が得られているように思われる。

さらに、投機にも良い面と悪い面がある。確かに投機にはギャンブルの側面がある。しかしギャンブルと保険は表裏一体であり、リスクをとる人がいなければ保険は成立しない。その意味で、投機の全く存在しない世界は必ずしも住みやすい世の中ではないかもしれない。しかし、だからといってあらゆる投機を何の制約もなく野放しにすればうまくいくかといえば、そうではない。投機熱が世界全体を包み込むようになると、危機に陥る危険が大幅に増大する。

投機をめぐる問題の難しさは、この二面性にある。これから、ケインズに即して、投機と投資にまつわる様々な問題を考察していくが、まず第1章ではケインズ経済学の理論構造を検討しつつ、そこで投機がどのように位置付けられているかを議論する。

＊1　ジョン・メイナード・ケインズ、『雇用・利子および貨幣の一般理論』、一五七ページ

＊2　例えば『一般理論』ではないが、ケインズは「投資とは、人生のなかで、勝利と安全と成功を手にするのがつねに

少数派であって、多数派ではない唯一の分野」であるとし、相場の判断について誰かがあなたの意見に同意しているなら、考えを改めるべきだと述べている（Skidelsky, Robert, *John Maynard Keynes, Volume 2, The Economist as Savior, 1920-1937*, p.526）。この文脈でケインズが投資という場合、証券投資を念頭においていることは言うまでもない。

＊3　ミルトン・フリードマン、『実証的経済学の方法と展開』、一七六ページ

＊4　エドワード・チャンセラー、『バブルの歴史』、五八ページ

＊5　同時期、フランスではジョン・ローがミシシッピ会社を買収し、投機マネーをひきつける壮大なシステムを構築した。これらの事件の経緯は複雑であるため詳細は他の書物に譲るが、共通していえることは、熱狂、暴落の狂気が演じられたということである。

＊6　『バブルの歴史』第三章を参照。

＊7　イギリスの経済学者。投下労働価値説、差額地代論、収穫逓減の法則などの要素をもとに、古典派経済学を完成させた。彼の比較生産費説は、自由貿易を支持する理論的根拠として、現在でも広く知られている。主著は『経済学および課税の原理』。

＊8　イギリスの経済学者。『人口論』によって、人口は一、二、四、八、一六、……と等比級数的に増加する傾向があるのに対し、食料は一、二、三、四、五……と等差数列的にしか増加しないという人口法則を説いた。

＊9　デイヴィッド・リカードウ、『リカードウ全集Ⅵ書簡集一八一〇－一八一五』、二六九－二七四ページ

＊10　伊藤宣広、『ケンブリッジ学派のマクロ経済分析――マーシャル・ピグー・ロバートソン――』第3章を参照。

＊11　ジャスティン・フォックス、『合理的市場という神話　リスク、報酬、幻想をめぐるウォール街の歴史』、五二ページ

＊12　ジョン・ケネス・ガルブレイス、『バブルの物語　暴落の前に天才がいる』、一五六ページ

第1章

ケインズと『一般理論』

ケインズは様々な顔をもつ多才な人物であったが、
本章ではまず経済学者としてのケインズについて考える。
はじめにその生涯を概観したうえで、
『雇用・利子および貨幣の一般理論』の意義を考えると同時に、
「古典派」モデルとケインジアン・モデルという
失業に対する二つの説明の対比を通じて、
ケインズ経済学と投機との関わりを考察する。

1　ケインズ略伝

生誕から青年期まで

ジョン・メイナード・ケインズ（以下、ケインズと呼ぶ）は一八八三年六月五日、ケンブリッジのハーヴェイ通り六番地に三人兄弟の長男として生まれた。一八八三年は、シュンペーターが生まれた年であり、また一九世紀の巨人マルクスが亡くなった年でもある。

父ジョン・ネヴィル・ケインズはケンブリッジ大学で道徳科学の講師を務め、『形式論理学の学習と演習』（一八八四）、『経済学の範囲と方法』（一八九一）――彼は後者の本により理学博士号を取得した――といった著書がある。母フローレンス・エイダはケンブリッジ大学ニューナム・カレッジの初期の卒業生であり、一九三二年にはケンブリッジ市長に就任した。

一八九七年九月、ケインズは一四歳で名門パブリック・スクールのイートンに入学した。イートン・カレッジの特待給費生試験の成績は、総合では十位であったが、数学は一位であったという。イートン時代、最初の三年間で六三もの賞を獲得している。

その後、一九〇二年にイートンと姉妹関係にあるケンブリッジ大学キングズ・カレッジに進学し、得意の数学を専攻した。ケインズが入学した頃、キングズには三〇人のフェロー、三〇人の大学院生、一三〇人以上の学部学生がいた（当時、ケンブリッジ大学の学部学生総数は三〇〇〇人ほどであった）。

当時のケンブリッジ大学の教育システムでは、大学の講義は副次的役割を果たすにすぎず、スーパーヴィジョンと呼ばれるカレッジでの個別指導や、仲間との討論を通じて知識が摂取され、深められた。

ケインズは数多くの討論クラブに参加したが、なかでも重要であったのは、「ザ・ソサエティ」と呼ばれる秘密の会員制組織での活動であった。これは一八二〇年以来続いている組織で、会員は自分たちのことを使徒（アポスル）と呼んでいた。歴代のメンバーには、詩人のA・テニソン、物理学者のJ・C・マックスウェル、哲学者のバートランド・ラッセル、数学者のA・N・ホワイトヘッド、歴史家のG・M・トレヴェリアン、経済学者のR・G・ホートレーなどがいた。ケインズをスカウトしたのはリットン・ストレイチーとレナード・ウルフであったが、彼らとの交友関係は、卒業後もブルームズベリー・グループというかたちで続いていく。ケインズが入会した一九〇三年二月の時点で、ソサエティのなかで最も影響力があったのが哲学者のG・E・ムーアであった。その年の秋に出版されたムーアの著書『倫理学原理』は、ケインズを含むソサエティのメンバーに大きな衝撃を与えた。ムーアの主張は後のケインズの経済学上の立場にも影響を及ぼしたといわれている。ムーアは「善」を定義できないものであると主張した。

まだ黄色を知らない人に黄色が何であるかを説明できないのとちょうど同じように、善は何であるかを説明することはできない。*1

これは、善とは直観的に理解されるものであって、個々の構成要素に分解して定義することはできないという立場である。この主張は、イギリス古典派経済学の基礎にあった功利主義哲学に対する批判を内包していることに注目したい。功利主義は、善を快楽によって定義していたからである。またムーアは、全体は部分の単なる合計ではないと主張したが、これは「合成の誤謬」として知られる議論であり、ケインズ経済学でも鍵となる考え方である。ミクロの合計がマクロになるとは限らない、というのがケインズ経済学の立場であり、マクロ経済学という独立の学問の存在意義はここにある。マクロ的な事象であっても合理的な個人の最適化行動から演繹するという現代の主流派経済学の方法論は——必ずしも古典派経済学やその後継であるマーシャル経済学においては採用されていないため、こうした議論が「古典派」批判としてどれほど有効かはさておくとしても——まさにケインズが否定したものであった。

ケインズは一九〇五年五月に数学で優等卒業試験（トライポス）を受験したが、結果は二四人中一二位とふるわず、数学から経済学に転向し、もう一年学生生活を続けることにした。経済学の勉強を本格的に始めるのはこの頃からである。マーシャルの講義に出席し、『経済学原理』を読んだ。ケインズ家ではネヴィルとメイナード、親子二代にわたってマーシャルから経済学を学んだことになる。マーシャルはケインズの才能を愛し、経済学者になることを期待していたが、ケインズは公務員の道を志望した。マーシャルは、ケインズが試験前に数日間、経済学の本を読み返すだけでファースト・クラスをとれると強く勧めたが、ケインズは新設された経済学トライポスを受験せず、経済学の学位は取得しなかった。

そして一九〇六年八月に高等文官試験を受験する。ケインズの成績は全受験者中二位であった。皮肉なことに、数学と経済学の成績が悪く、足を引っ張る結果となった。彼の希望は大蔵省であったが、大蔵省は採用枠が一名で、一位の人物が希望したため、入省はかなわず、第二志望のインド省に入ることになった。なお、この一位の人物とは、オックスフォード大学出身の秀才オットー・ニーマイヤーで、六〇〇〇点満点の試験のうち、ケインズが三四九八点だったのに対し、三九一七点をとっている。ニーマイヤーは後に大蔵省からイングランド銀行に移籍し、モンタギュー・ノーマン総裁の右腕を務めることになる。彼は後にケインズが攻撃することになる「大蔵省見解」に関与し、またイギリスの金本位制復帰をめぐる問題では、二人は正反対の立場で議論を戦わせる運命にあった。

ケインズは一九〇六年秋からインド省陸軍局で下級事務官として勤務する――年俸二〇〇ポンド――が、事務仕事に退屈し、キングズ・カレッジに提出するフェロー資格申請論文を執筆した。『蓋然性の原理』と題されたこのフェロー資格論文の審査は、最初は不合格となったが、二度目の申請で認められた。これは人間行為に関する哲学的な研究であり、一九二一年に『確率論』として出版された。

一九〇八年にはマーシャルが引退し、ピグーが後を継いで教授に就任したが、講師のポストが新設され、この機会にケンブリッジに復帰した。この時期のケインズの講義のテーマは「貨幣、信用、および物価」（一九〇八―一九〇九）、「株式市場と金融市場」（一九〇九―一九一四）などである。[*2] 当時のケインズの経済学上の立場には、当然ながら、マーシャルの影響が色濃く反映されている。

一九〇九年十月にはポリティカル・エコノミー・クラブを創設した。これは後にケンブリッジ大学の経済学部で最も有名な団体となった。

一九一一年には『エコノミック・ジャーナル』誌の編集者に抜擢された。マーシャルはかつてネヴィルに同誌の編集者のオファーを出し、断られているが、その息子はこの仕事を引き受け、立派に職務を果たした。二十代の若者が世界最高の学術誌の編集者を務めるというのは異例のことであるが、この事実は当時、マーシャルの権力がいかに強大なものであったかを物語っている。

一九一三年にはインド省時代の経験を生かして、処女作『インドの通貨と金融』を出版している。ケインズはこの本のなかで金本位制の問題を詳細に研究し、「完全にして自動的な金本位制が欧州においていかに稀なものであるか」を示し、[*3] イギリスの制度は独特のものであり、インドのような他の環境には適しないこと、[*4] 金本位制は国際金融におけるロンドンの特殊な地位と密接に関連しており、インドのような国では金為替本位制が適していることを論じた。またこの年にはインド通貨に関する王立委員会に参加した。

ケインズの講義はつねに、彼が経済学者としていま考えている新しい思想や理論の発展の過程を学生に説いて聴かせるというものであった。その講義内容は、受講していた学生のノートをもとに復元され出版されているため、現代の我々もある程度うかがい知ることができる。

第一次世界大戦と賠償問題

第一次世界大戦が始まると、一九一五年一月、ケインズは大蔵大臣ロイド・ジョージの特別顧問ジョージ・ペイシュの助手として――六〇〇ポンドの年俸で――大蔵省に雇用された。同年五月の政権交代で大蔵大臣はレジナルド・マッケナに代わり、ケインズは金融問題を扱う第一課に配属され、さらには一九一七年初頭にそこから分かれた国際金融担当のA課で課長へと昇進していった。A課では、ドイツに課す賠償問題についての調査が主な仕事であった。一九一八年三月にはパリでドガの絵画の競売に参加し、かなりの蒐集を行っている。

マーシャルは愛弟子のケインズに対し、行政のために科学を捨てることのないよう願いつつも、彼のことを「他のどの政治家よりも経済学について知っているし、他のどの経済学者よりもホワイトホールの諸問題について知っている」と評している。[*5]

戦争終結間近の一九一八年十一月末には、ケインズが指揮したドイツの賠償支払い能力に関する調査結果が閣議に提出された。その試算によると、ドイツの支払い能力は、楽観的に見積もって三〇億ポンド、いっそう慎重には二〇億ポンドとされた。苛酷な賠償額とされた普仏戦争の賠償金額が二億一二〇〇万ポンドであったことを考えると、その一〇倍の規模である。ケインズの推定では、一八七一年にフランスが支払った二億ポンドの賠償金は、この時点での物価に換算すると五億ポンド相当であり、したがって、ケインズが控えめに見積もった二〇億ポンドという額ですら、実質ベースでもその四倍という、ドイツの実情からすれば途方もない額であった。[*6] 実際に課された賠償額はさらにその数倍であったが、その後のドイツはアメリカからの借金によってなんとか一〇億ポンドを返済できたにすぎない。

イギリスでは一九一八年一二月に総選挙があり、どの政治家もドイツから賠償金をしっかり取り立てることを公約として掲げてしまっていた手前、弱腰な姿勢はとりづらい状況にあった。ケインズは平和会議にイギリス大蔵省首席代表という立場で参加した。各国がドイツに課そうとした要求は、きわめて苛酷なものであった。ケインズは、もし自分がドイツ人ならば、このような条約に調印するくらいなら死を選ぶだろう、とまで述べている。ヴェルサイユ条約は一九一九年六月二八日に締結されたが、講和内容に反発したケインズは、その直前の六月五日、大蔵省に辞表を提出して帰国した。ロイド・ジョージの回想によると、ある日、ケインズがやってきて、平和条約の賠償条件が重すぎると不満を述べて帰って行ったが、同じ日の午後に、元イングランド銀行総裁のカンリフ卿がやってきて、我々はドイツをいとも簡単に許してしまったと不満を述べて帰って行ったという。

帰国後、ケインズは平和条約を痛烈に批判した『平和の経済的帰結』を一気に書き上げ、一九一九年一二月に刊行した。この本は十か国語以上の言語に翻訳されるなど、世界的に大きな反響を呼び、ジャーナリストとしてのケインズの名声は確固たるものとなった。

ケインズの考え方として、資産も負債も正当化できるのは一代限り、という点が挙げられる。ケインズは、本人の能力と無関係な相続財産に対して厳しい見方をしていたが、それは裏を返せば、本人に責任のない負債についても、同様である。現世代のドイツ人は償いをすべきであるとしても、それは直接戦争に関与した世代のドイツ人であって、この先、生まれてくる未来のドイツ人に罪はない。先祖の負債を孫の世代に負わせるのは不当であるというのがケインズの考えであった。

ケンブリッジ復帰後

大蔵省を辞任して大学に復帰したケインズは一九二〇年に講師を辞め、その後は教職につかなかったため、学術面ではケインズの職位はキングズ・カレッジのフェロー（特別研究員）であった。教授や准教授（Reader）にはなっていない。これはケインズが出世できなかったということを意味するものではない。現に、ケインズはケンブリッジで絶大な影響力と権力をもっていた。きわめて多彩な活動をこなしたケインズの生涯において、大学のポストというのはさして執着するほどのものではなかった。実際、晩年に教授職の打診があった際にも多忙を理由に固辞している。

公職を退いた後は、アカデミズム以外の活動が活発化する。友人とシンジケートをつくり、外国為替の先物売買を行ったり、ナショナル相互生命保険会社の会長、プロヴィンシャル保険会社の取締役などに就任したり、他にも、A・D・インベストメント・トラスト、P・R・ファイナンス・カンパニー等を設立して、投機に熱中している。また、ケンブリッジ大学キングズ・カレッジの会計官として、カレッジの資産運用も任されていた。ケインズの投機活動については第3章で改めて述べる。

私生活の面では、ケインズはロシアのディアギレフ・バレエ団のロンドン公演に通い、一九二五年にはそのバレリーナであったリディア・ロポコヴァと結婚した。キリスト教徒でなかったケインズは、教会ではなく、セント・パンクラス中央登記所で婚姻の届出を行った。この年の九月、ケインズはレニングラードで開かれた帝国アカデミー創立二〇〇年祭にケンブリッジ大学代表として出席するため、ソ連を訪問した。そこでの印象を「ロシア管見」というエッセーにまとめているが、ケインズはレーニン主義を「宗教」と喝破している。これは、ヨーロッパでは「貨幣愛」が人々の行動における主要動機であるが、革命ロシアにおいてはもはやそうではなくなっていることを指している。ケインズは計画経済を評価することはなかったが、資本主義経済の病理である貨幣愛に毒されていない社会として、ロシアの将来に一抹の可能性を見出している。

学問的には、一九二〇年代から経済学上の重要な業績が登場してくる。ケインズの主要著作と呼ぶべきものは『貨幣改革論（*A Tract on Monetary Reform*）』（一九二三年）、『貨幣論（*A Treatise on Money*）』（一九三〇年）、そして『雇用・利子および貨幣の一般理論（*The General Theory of Employment, Interest and Money*）』（一九三六年）の貨幣三部作である。いずれもタイトルに「貨幣」という語を冠していることからわかるように、ケインズは貨幣や金融の専門家であった。

『貨幣改革論』では、「長期的には我々は皆死んでいる」という名言を残しつつも、長期の命題としての貨幣数量説を承認している。また、貨幣需要の重要性に着目している点で、忠実な正統派（マーシャリアン）の経済学者であった。当時のケインズはまだ緊縮財政主義者であった。政策的に、公共事業を支持するようになるのは一九二〇年代半ばからである。賠償問題が一段落すると、ケインズの関心はイギリスの金本位制復帰問題へと移行していく。『貨幣改革論』ではこの問題も詳細に論じられているし、その後もイギリスおよび世界の通貨体制のあり方について、継続的に意見を発信し続けた。*7

『貨幣論』の投資・貯蓄アプローチ

一九二〇年代のケインズは、経済理論面では、彼の右腕を務めていたD・H・ロバートソンと親密な共同研究を進めつつあった。その過程で、ケインズ自身の思想も飛躍的発展を遂げた。物価水準を決めるものは何か。この問いに対し、伝統的な経済学は貨幣数量説の立場をとっていた。貨幣数量説とは、基本的に、物価水準を規定するものは貨幣（供給）量であるという考え方である。一九二〇年代は、貨幣数量説に代わって、物価水準を投資と貯蓄の関係から分析するという新しいアプローチが登場してきた時期にあたる。

ロバートソンの主著『銀行政策と価格水準』（一九二六年）には、ケインズのアイデアが大いにとり入れられているし、またケインズの『貨幣論』（一九三〇年）の着想も、ロバートソンから少なからぬ影響を受けた。ロバートソンの議論は、資本主義経済は本質的に不安定であり、ある程度の経済変動はやむを得ないものであることを示唆していた。そして経済成長と物価の安定という目標を同時に追求することができないということを理論的に証明したうえで、物価の安定よりも経済成長を重視する姿勢を打ち出していた。市場経済の不安定性の認識は、ケインズを含め、当時のケンブリッジの経済学者のあいだである程度共有されていたように思われる。ただし、理論面ではロバートソンとの蜜月は長くは続かなかった。動学的アプローチを志向するロバートソンに対し、ケインズがその後目指した発展の方向は異なるものであった。

『貨幣論』の投資・貯蓄アプローチの概要を素描すると以下のようになる。まず重要な点は、貯蓄行為と投資行為とでは、担い手が異なるという認識である。『一般理論』では、投資と貯蓄はつねに等しいという立場に到達したが、『貨幣論』の段階では、投資と貯蓄の差が物価の変動をもたらすというのが基本的な立場である。

貯蓄は個々の消費者の行為であって、その経常所得の全部を消費に支出することは差し控えるという消極的な行為からなる。他方投資は、消費できない産出物の総額を定める意思決定をすることをその職能とする企業者の行為であり、そしてそれは、ある生産過程を開始もしくは維持し、あるいは流動的財貨を手許に保留するという積極的な行為からなるものである。*8

財を消費財と投資財に分けたうえ、物価水準は投資財の需要と投資財の供給、すなわち投資と貯蓄によって決まると考える。投資が貯蓄を上回ると「意外の利潤」が発生し、物価は上昇する。貯蓄が投資を上回ると「意外の損失」が発生し、物価は下落する。

なお、ケインズは投資と貯蓄を一致させる利子率を自然利子率と呼び、現実の市場で決まる利子率を市場利子率と呼んだが、物価水準はこの両者の関係によって説明することができる。市場利子率が自然利子率に比べて高すぎると貯蓄が投資を上回り、物価が下落する。市場利子率が自然利子率に比べて低すぎると投資が貯蓄を上回り、物価が上昇する。

物価の安定のためには、市場利子率が自然利子率と一致する必要があり、そのためには投資と貯蓄が等しくなければならない。これはつまり、貨幣供給量をコントロールしても物価が安定するとは限らないということであり、金融当局がなすべきことは、投資と貯蓄を一致させるよう市場利子率をコントロールすることである。この時点では、後の『一般理論』の立場とは異なり、投資と貯蓄が等しくない場合があり得るという立場がとられている点に注意したい。また、『一般理論』では利子率を決めるのは貨幣の需要と供給であるが、『貨幣論』ではそれは投資と貯蓄である。

ケインズは一九二九年十一月に設置されたマクミラン委員会（「金融および産業に関する委員会」）の中心メンバーとして活動し、一九三一年六月に発表された報告書にはケインズの考え方が色濃く反映されている。この時期は新しい理論に向けての生みの苦しみの時期にあたり、ケインズ自身の思考にも様々な混乱がみられる。

『貨幣論』では、投資・貯蓄アプローチをバナナ園の寓話で説明している。[*9] バナナ園の寓話の論旨を簡単にまとめると以下のようになる。

節約によって貯蓄が増加する一方で投資は据え置かれる
↓貯蓄が投資を上回る
↓生産量は不変で、購入にあてられる所得は減少するため消費財の価格が下落する
↓事業主の利益減少・消費者の便益増大（消費量一定・消費額減少）
↓賃金切り下げ

つまりこのエピソードでは、生産量・消費量は変化せず、投資と貯蓄のバランスが崩れると、価格が変化すると想定されている。『貨幣論』におけるこのバナナ園の寓話は、マクミラン委員会の証言二日目でも繰り返されている。当時のケインズは、バンク・レートの引上げが失業率の増加をもたらすことをうまく説明できなかった。[*10] この点を説明するには『一般理論』が不可欠であり、その構築に向けたケインズの長い知的格闘が始まる。

『一般理論』の形成と晩年

『一般理論』の形成に際しては、「サーカス」と呼ばれる若手研究者集団が重要な役割を果たしたことが知られている。リチャード・カーン、ジョーン・ロビンソン、ピエロ・スラッファ、ジェームズ・ミードらがメンバーで、『貨幣論』の批判的検討を行い、その内容は逐一ケインズに伝えられた。そのなかで、『貨幣論』では産出量が一定であると暗に仮定されていることが問題視され、

これを真摯に受け止めたケインズは、自身の理論体系の見直しが必要と考えた。その成果が『一般理論』である。同書はケインズ経済学の象徴であり、経済理論に「革命」をもたらした書であるとされる（その「革命」の解釈をめぐっては様々な議論があるが、拙著『現代経済学の誕生』（二〇〇六）を参照されたい）。

『一般理論』出版後しばらくは論争に参加したが、ほどなくして心臓病の発作で倒れたため、ケインズを巻き込んでの論争は一旦、休止となる。そこへ第二次世界大戦が勃発し、ケインズはアカデミズムの世界を離れ、様々な実践活動に従事することになった。

一九四〇年二月には『戦費調達論』と題するパンフレットで繰延支出案を提案し、同年六月には大蔵大臣諮問会議に参加した。一九四二年六月には男爵位を与えられている。また、世界的な流動性不足が世界経済の機能不全を起こすことのないよう、「国際清算同盟案」（ケインズ案）をまとめるなど、戦後の国際通貨制度改革のプランづくりに奔走した。英米間の力関係の問題により、ケインズ案はアメリカ側の提案に対して大幅な譲歩を強いられることとなったが、ケインズの提案は、後の国際通貨基金や国際復興開発銀行の創設へと道を開いた。一九四六年四月二一日、心臓発作で帰らぬ人となった。享年六二歳であった。

2 ケインズとケンブリッジ学派

ケンブリッジ学派とは

ケインズ経済学について議論するにあたって、まず彼が所属した集団であるケンブリッジ学派についいて説明しておきたい。

経済学でケンブリッジ学派という場合、主に二種類の定義がある。ひとつはマーシャルを始祖とするマーシャル学派のことで、いまひとつはケインズ学派のことである。ケインズは若い頃には前者の熱心な伝道者として、『一般理論』以降は後者の中心人物として、非常に重要な役割を果たした。いずれの定義でみた場合でも、そのメンバーの多くは、市場経済は不安定であるという見方を共有している。

本書で言及するケンブリッジ学派の主要メンバーについて、以下、その主な功績を簡単に記しておく。

アルフレッド・マーシャルは、現代経済学の生みの親にして、ケンブリッジ学派の創始者である。一九世紀末から二〇世紀にかけて、三〇年以上にわたって経済学の世界に帝王として君臨した。経済学の目的は社会改良であるとし、経済学を学ぶ人間に「冷静な頭脳と温かい心」を求めた。需要と供給に基づく分析装置をはじめとし、部分均衡分析、消費者余剰、外部性、価格弾力性など、現代の経済学における重要概念を数多く考案した。それまでPolitical Economyと呼ばれていた経済学にEconomicsという呼称を用いるようになったのはマーシャルからであり、大学教育において、経済学の地位を制度的に他の学問分野と対等の存在にまで引き上げた功労者もマーシャルであった。当時、「すべてはマーシャルにある」といわれ、一九二〇年代まではケインズもマーシャル経済学の熱心な伝道者であった。

A・C・ピグーは、マーシャルの正統後継者で、ケインズの兄弟子にあたる。マーシャルと同じく経済学の実践性を重視し、経済学は光明よりも果実を求める学問であると主張した。マーシャルの外部性の議論を発展させ、厚生経済学の生みの親となった。また、ピグー税として知られる考え方は、環境経済学でも重要な概念である。

マクロ経済分野における業績としては、いわゆる「マーシャルのk」[*11]を含むケンブリッジ方程式を定式化したこと、景気循環の心理説を発展させたことなどが挙げられる。とりわけ、情報・知識の不完全性を重視し、事業上の予測における誤りが景気変動を増幅させるうえで鍵となると主張した。政策面では、一九〇八年という早くから、不況期における公共事業の必要性を説いた。

D・H・ロバートソンは、初期には実物的景気循環論の研究を進め、マーシャルの伝統と大陸ヨーロッパの景気変動論を融合させる仕事を行った。その際、投資の懐妊期間（資本財の建造期間）に注目し、現代の資本主義経済においては、各企業ともに他のライバル企業がどの程度の水準で生産しようとしているかに関する知識をもたずに生産するため、経済全体としては生産が適切な水準に落ち着くことは例外的な偶然でしかあり得ず、結果として過剰投資が生み出されることを指摘した。また、現代では最適生産規模や投資単位が大きくなっており、限界分析が想定するような極小単位での投資量の調整はできないため、経済変動が増幅されるという指摘も重要である。これは、一九一〇年代の仕事であるが、一九六〇年代におけるケンブリッジ資本論争を先取りする議論であった。主著『銀行政策と価格水準』では、経済成長と物価の安定という目標が両立しないことを理論的に証明し、市場経済は不安定であるという認識を示した。また、「流動性の罠」という概念を考案し、金融政策が効力を発揮しない局面があることを指摘したのもロバートソンである。

「学派」の意味について

経済学で「学派」という場合、通常、何か支柱となる人物や思想が存在する。マーシャルもケインズもともに、支柱となるに値する人物であった。裏を返せば、支柱となる人物や思想が存在しない場合、学派を考えることは困難である。例えば、現在でもケンブリッジ大学には優秀な経済学のスタッフが多数在籍しているが、彼らを総称してケンブリッジ学派ということはない。

なお、最近、ケンブリッジ「学派」という呼称ではなく、ケンブリッジ「グループ」という言い方を用いるのが良いのではないかという提案がマルクッツォら欧州の研究者のあいだでなされている。「内部で団結し内容を共有するかもしれないが、一つの共通の学説に同意するものではない」という意味において、学派ではなく集団であり、「この集団のアイデンティティは、相互に尊敬し合う余地を残し、数多くの不一致を乗り越え、そして帰属意識を維持したうえでの、動機、価値、ライフスタイルや仕事スタイルから生じている」。そしてこの集団に所属する人々は、ケンブリッジという場所に対して強い帰属意識をもっていた。[*12] これについて一言しておきたい。ここでマルクッツォらが強く意識しているのはおそらくピエロ・スラッファの存在であろうと思われる。スラッファは、マーシャルのミクロ理論の合理的基礎を問い、ケンブリッジ費用論争の口火を切るなど、ケンブリッジの経済学においてきわめて重要な役割を演じた重要人物である。しかし、限界原理に基づく経済学に批判的であったスラッファは、いかなる意味でもマーシャリアンではないし、またケインジアンでもなかった。確かに、スラッフィアンは有力なポスト・ケインズ派の一派であり、スラッファの議論とケインズ経済学を接合しようとする興味深い試みも存在している。しかし、ことスラッファ本人の意識というレベルでみるならば、彼自身はケインズ経済学の信奉者ではなかった。『一般理論』をめぐる喧噪からは身を引き、表立った批判はせず沈黙を守った。したがって、重要人物としてスラッファを念頭に置くならば、彼を（マーシャル学派であれケインズ学派であれ）ケンブリッジ「学派」に分類することは難しいが、時間と場所を共有したゆるやかなつながりとしてのケンブリッジ「グループ」の有力な一員として捉えることは理に適っているであろう。

他方、マーシャル学派に関していえば、ピグー、ロバートソン、ケインズなどを「学派」として考えることに問題はないと私は考えている。確かに、これらの経済学者のあいだで様々な意見の相違はあるが、マーシャルは彼らの経済学にとって精神的支柱であったし、マーシャルの『経済学原理』は大前提にして出発点であった。ケインズの『一般理論』の「ミクロ的基礎」は、間違いなくマーシャル経済学であった。ケインズは、師マーシャルと同様に、合理的な経済主体の行動からの演繹という方法論を拒絶した。確かに『一般理論』では正統派の議論を「古典派の二つの公準」という形で整理してはいるが、これを額面通りに受け取ることはできない。*13

なお、同じケンブリッジ学派のなかでも、それぞれの経済学者同士の違いを探せば、いくらでも挙げることができる。しかし、学派のなかでの連続性を議論する際に、留意しなければならない点がひとつある。それは、徹頭徹尾、師に忠実でありすぎるならば、ただのエピゴネン（俗な言い方をするならば「劣化コピー」）にすぎず、歴史に名を残すような経済学者にはなれない、ということである。良き教師ではあり得ても、偉大な経済学者にはなれない。例えば、ジェラルド・ショーブはきわめて忠実なマーシャリアンであり、ケンブリッジにおいて人望もあったが、経済学説史上における貢献という観点からみれば、地味な存在といわざるを得ない。

ケンブリッジ学派とケインズが共有しているもの

通説では、『一般理論』は「ケインズ革命」を引き起こした書であるとされ、経済学の見方を根底からひっくり返したとされる。ケインズが『一般理論』において理論上の大きな革新を成し遂げたことは事実であるが、他方で断絶面ばかりを強調しすぎると、偏った評価になる。実際には、『一般理論』においてもケインズがケンブリッジの伝統的な経済観を継承している側面は少なからずある。

ケインズを、ケンブリッジ学派の伝統という文脈で評価する場合、連続面としては以下の要素を挙げることができる。

第一に、経済学は価値判断を伴う道徳科学であるという理解である。一九三八年七月四日にハロッドに宛てた書簡の有名な一節は、その立場を端的に表している。「ロビンズの言うこととは違い、経済学は本質的に道徳科学であって、自然科学ではありません。つまり、それは内省と価値判断を用いるものなのです」[*14]。

第二に、市場経済は本来的に不安定であるというヴィジョンである。ケンブリッジでも、二〇世紀初頭から経済変動の重要性に着目する研究がマーシャルの弟子たちによって展開されてきた。景気変動を通じて所得水準が変動するプロセスについては解明されていたが、所得水準がいかにして決まるかという理論を確立したのがケインズである。

第三に、期待の重要性を強調したことである。将来に関する人々の予測が現在の行動に影響を及ぼすという観点は、『一般理論』では(後述するように)消費関数には反映されていないが、資本の限界効率や流動性選好説において顕著にみられる。経済を理解するうえで、人間の心理という要素がいかに重要であるかをケンブリッジの経済学者たちは熟知していた。

第四に、情報や知識の不完全性という視点である。情報や知識が不完全であることが、経済の不安定性を増幅させる。現在、情報の経済学で重要な仕事を行ったスティグリッツなどがマーシャルをきわめて高く評価しているのは、このこととも関係しているとも思われる。

第五に、貨幣が経済において本質的な役割を果たすことの認識である。マーシャル体系においては、ワルラス体系と違って貨幣はヴェールではなく、経済において重要な役割を演じる。この点はピグーやロバートソンとは異なるが、マーシャルやホートレーは貨幣の重要性を強調した。

第六に、自由放任が必ずしも最適な状態を生み出すとは限らないという考え方である。マーシャルやピグーは「外部性」という概念を考案することによってこれを説明したが、外部性が存在する場合の「市場の失敗」の分析については、現代経済学の共有財産となっている。

第七に、数学の使用に関して、ケインズは慎重な態度を保持し続けた。マーシャルの正統後継者ピグーは、晩年になると、経済理論の著作の本文で数学をできるだけ使わないという師の教えを破ったが、ケインズは、「革命」後も含めて、最後までこれに忠実であり続けた。ケインズは、『一般理論』によって師に「反逆」を行った後ですら、経済学への向き合い方において、きわめてマーシャル的な要素を色濃く残している。

こうした要素は、「古典派」対「ケインズ」といった紋切型の理解からは抜け落ちてしまう。「古典派」経済学者について、教科書のみを通じてステレオタイプ的な知識を得た人は、ケインズ以前の経済学者は皆、市場に任せておけば何もかもがうまくいくと考えていた、というイメージを植え付けられてしまう。すると、昔の経済学者というのは随分と視野狭窄な愚か者に見えることであろう。しかし決してそうではない。

近年でも、海外の研究者を中心にケインズ関連の文献は数多く出版されている。いずれも、傾聴すべき興味深い指摘を数多く含んでおり、優れた研究も多い。ただ、不満があるとすれば、ケインズ以外の同時代の経済学に対して、あまりにも皮相な理解をしているものが少なくない点である。現在の主流派はケインズに対して不誠実な扱いをしているが、ケインジアンによる「古典派」の扱いについても同じことがいえる。

ケインズ経済学の独自性

ケインズが『一般理論』で成し遂げた理論上の革新、ケインズ経済学の独自性について端的に述べるならば、消費関数、資本の限界効率、流動性選好といった戦略変数を有機的に組み上げ、国民所得決定の理論を樹立した点にある。

消費関数とは、社会全体の所得のうちどれくらいの割合が消費にまわされるかを規定する議論である（『一般理論』第三編「消費性向」第八章「消費性向―（Ⅰ）客観的要因」、第九章「消費性向―（Ⅱ）主観的要因」および第一〇章「限界消費性向と乗数」）。

資本の限界効率とは、「資本資産から存続期間を通じて得られると期待される収益によって与えられる年金の系列の現在価値を、その供給価格にちょうど等しくさせる割引率に相当するもの」、より平易な言い方をするならば、予想利潤率のことである（『一般理論』第四編「投資誘因」第一一章「資本の限界効率」）。

そして流動性選好とは、人々が資産のうち貨幣の形態で保有しようとする割合、すなわち貨幣需要を意味する（『一般理論』第四編「投資誘因」第一三章「利子率の一般理論」、および第一五章「流動性への心理的および営業的誘因」）。流動性選好説においては、不確実性やストック（資産価格）が重要な役割を演じており、これが投機の問題とつながっていく。

これらの戦略変数を組み合わせることで、ケインズは、失業問題の真の原因は労働市場にはなく、問題は有効需要の不足にあることを指摘し、全体としての産出量決定の理論をはじめて提示した。

これらにより、非自発的失業を伴ったまま市場が不完全雇用均衡状態に陥る可能性が理論的に示された。不況対策としての財政政策の有効性については、政策論としては先駆者がたくさんいるが、その背後にマクロの産出量決定の理論を用意したことで、初めて理論的裏付けを備えた画期的な政策提言となり得た。その意味で、これは政策上ではなく理論上の革新であることに注意したい。

また、「節約のパラドックス」や投機の問題にみられるように、ミクロ的に合理的な個人の選択や行動を積み重ねても、マクロ的に好ましい結果が得られるとは限らないという「合成の誤謬」の議論を経済学的に展開したことで、マクロ経済学という学問は、事実上、ケインズとともに始まったといえる。

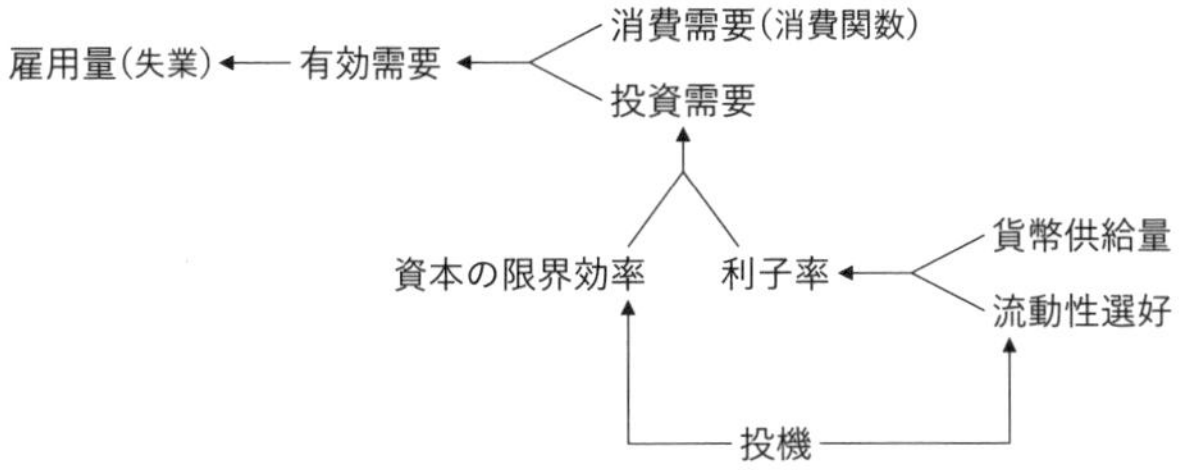

図1 ケインズ『一般理論』の構造

3 失業の考え方

本節では、失業に対する理論的説明を検討していく。まず、本書の主題である投機の問題を考えるにあたって、なぜ失業の問題から始めるのか一言しておきたい。ケインズ経済学では、不況や失業は有効需要が不足するために生じる。有効需要とは購買力の裏付けをもった需要のことであり、消費需要と投資需要からなる。投資を決めるのは、資本の限界効率（予想利潤率）と利子率であり、利子率を決めるのは流動性選好（貨幣需要）と貨幣供給である。その流動性選好説の核心には投機の問題がある［図1参照］。

本書の主題は、投機は経済を安定化させるか、というものであるが、ここでの経済の安定には、当然ながら雇用の安定も関わってくる。ケインズ経済学の観点からすれば、現代社会の大きな問題である失業も、投機と投資の問題と根本のところではつながっているのである。

「古典派」モデルとケインジアン・モデル

しばしばケインズ以前の古典派経済学者は完全雇用を想定していた、といわれることがあるが、これには注意が必要である。なぜなら、歴史上、本来の意味での古典派経済学者が活躍した時代には、失業という現象は深刻な経済問題としては認知されていなかったからである。『オックスフォード英語辞典』に初めてunemploymentという単語が収録されたのは一八八八年のことだという。[*15] したがって、古い時代の経済学者の著作に失業に関する本格的な議論がなかったとしても、そのことで彼らを咎めるのは筋違いである。

また、ケインズ以前の経済学者といっても、本来的な意味での古典派経済学者（スミスやリカード、J・S・ミルなど）と、ケインズが意識していたマーシャル、ピグーとではそれぞれ違いがある。『一般理論』でケインズは「古典派の公準」を二つ提示している。これは、実際の古典派、あるいはマーシャルやピグーが実際に行っていた議論の紹介ではなく、彼らの議論を論理的に再構成するならば、こういう形にならざるを得ない、というケインズの整理に基づく概念的な結晶体である。さらにこの整理自体にも問題がないわけではないが、ここでは立ち入らず、本書では便宜上、これを「古典派」モデルと呼びたい。[*16]

以下では、まず「古典派」モデルとケインジアン・モデルがいかに異なるかについて説明するが、これは、ケインズ以前の経済学とケインズとの相違というよりは、むしろ、ケインズ以後につくり出された教科書的な「古典派」モデルとケインズとの相違、といった方がよいかもしれない。

「古典派」モデル

ケインズのいう古典派の第一公準とは「賃金は労働の限界生産物に等しい」、第二公準とは「一定の労働量が雇用されている場合、〔実質〕賃金の効用はその雇用量の限界不効用に等しい」というものである。*17

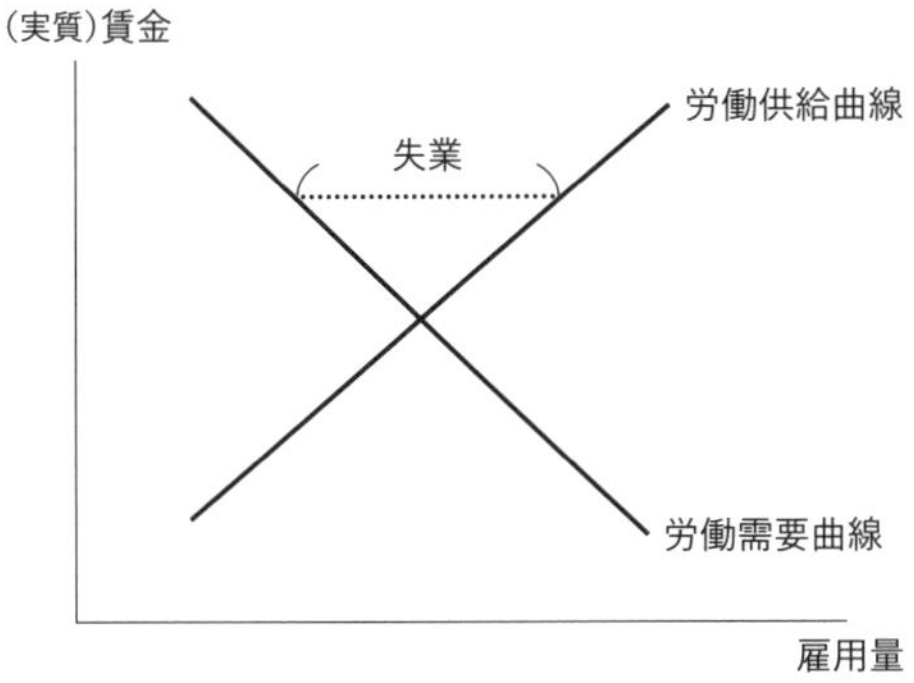

図2「古典派」モデル

現代のミクロ経済学の素養がある読者でないとなかなか難しい表現であるが、これは、雇用量と賃金は労働市場において、右下がりの労働需要曲線と右上がりの労働供給曲線の交点で決まるという学説と同義である〔図2参照〕。

この「古典派」モデルの含意は二つある。第一に、失業は労働市場で生じる問題であるということ、第二に、失業が生じるのは賃金が高すぎる〔その賃金のもとでは、人を雇いたいという労働需要よりも、働きたいという労働供給の方が多い〕からであり、賃金をカットすれば失業問題は改善されるということである。ケインズ経済学はこのどちらも否定するが、端的にいえば、ケインズは、失業の真の原因は労働市場ではなく金融市場にあり、また、賃金が高すぎるためではなく有効需要が不足するために失業が発生すると考えた。

古典派の第一公準では、企業の利潤最大化という最適化行動から、労働市場における労働需要曲線が導かれる（競争的市場では、企業が意思決定においてコントロールできる変数は、生産量と雇用量の二つであり、生産量の観点から考えれば価格＝限界費用という条件が、雇用量の観点から考えれば賃金＝労働の限界生産物という条件が出てくる。両者は同じものである）。古典派の第二公準では、家計の効用最大化行動から、労働市場における労働供給曲線が導かれる。

いずれも自発的意思に基づく選択であって、このモデルではすべての失業者は、余暇を満喫する満足度と、労働によって得られる賃金から発生する満足度を比較考量したうえで、自発的に失業を選択しているということになる。働くかどうか、完全に自分の裁量で決められるという前提に立っている。したがって、「古典派」モデルでは、すべての失業は自発的なものであり、当局が失業対策をしなければならない理由は何もないということになる。

また、「古典派」モデルでは、会社等の都合はお構いなしに、自らの効用関数に照らして、労働時間を能動的に決定できるという仮定が置かれている。これは一部の非正規労働者にはあてはまる部分もあるが、正規労働者の場合は非現実的な想定といわざるを得ない。

ただ、ケインズが否定したこのモデルは、皮肉なことに、個人の合理的行動というミクロ的な基礎から演繹されているという点において、現代の主流派経済学の方法論に照らせば、むしろポジティブな評価を得られる要素を備えている。

なぜ賃金は高止まりするか

さて、現代では、失業をめぐる議論は多々あるが、なぜ失業が生じるか、という観点からは、上記の「古典派」モデルとケインジアン・モデルに大別できる。

「古典派」モデルでは、失業が生じる原因は、賃金が高すぎる点にある。不況対策として賃金カットを訴える一部の経済学者は、この「古典派」モデルを信奉しているといえる。この場合、なぜ賃金が高止まりして下がらないのか、という点が争点になるが、これに関してはいくつかの要因が考えられる。

一つは最低賃金といった法的な要因である。最低賃金が設定されている場合、仮に市場で決まる適正な賃金がそれより低かったとしても、最低賃金以下には下がらず、価格メカニズムが働かないことによって失業が生じる。この場合、既に雇用されている労働者が適正価格よりも高い賃金を享受できる反面、職につけない人が不利益を被るという理由で、最低賃金は市場の機能を妨げる、というのが教科書的な説明である。

第二に、労働組合の交渉力が高いケースでも、同様に賃金が高止まりすることになる。

第三に、効率賃金仮説と呼ばれる考え方がある。これには様々なバリエーションがあるが、大雑把にいえば、企業が高い賃金を提示するほど労働者の生産性が高まり、効率的になる、というものである。古くはアダム・スミスやマーシャルが提唱したもので、「高賃金の経済」とも呼ばれる。通常実践例としては、二〇世紀初頭におけるアメリカの自動車会社フォードの試みが有名である。

よりも高い賃金を提示された労働者は、自分の仕事ぶりが評価されたことに感激し、一生懸命働く。人には誰かから必要とされたい、認められたいという欲求がある。待遇が良ければ会社に対する忠誠心も高まり、また、下手なことをしてこの地位を失いたくないという気持ちも芽生える。

なお、スミスやマーシャルの場合、この議論は、なぜ賃金が下がらないか、という文脈ではなく、高賃金は経済にとって良いことである、という文脈で論じられているため、賃金の下方硬直性とは関係がない。賃金の下方硬直性の原因を説明する文脈でこの議論を援用するのは比較的最近の傾向である。

効率賃金仮説のより現代的なバージョンでは、インセンティブに加え、情報の非対称性という観点が付加されている。企業は従業員が一生懸命働いているかどうかを完全に監視することはできない。人が見ていないところでこっそり怠ける労働者もいるかもしれない。性悪説に立った場合、もし労働者の受け取っている賃金が、需要と供給で決まる均衡水準に等しければ、労働者には懸命に働くインセンティブはない。なぜならば、怠けているところを見つかって会社をクビになったとしても、同じような条件で雇ってもらえる会社は他にいくらでもあるからである。したがって、企業は、労働者が怠けないようにするために、労働者に、この会社を解雇されたくないと思わせるために、均衡賃金よりも高い賃金を支払うインセンティブをもつ。

なお、現在ではマクロ経済学の教科書を読むと、古典派とケインジアンの相違は、あたかも貨幣賃金の調整速度についての仮定の差でしかない、といった印象を植え付けられることがある。いわく、貨幣賃金（等の調整速度）が伸縮的と考えるのが古典派で、硬直的と考えるのがケインジアンだ、と。しかし、このような区別は本来、古典派にもケインズにも何の関わりもないことに注意が必要である。[*18]

ケインズは「古典派理論は、経済体系の仮想的な自動調節的性格を貨幣賃金の可変性の想定に依存させ、硬直性が存在する場合には、この硬直性に不調整の責めを負わせるのを常としてきた」[*19]と述べている。ロバートソンも、一九一五年に「貨幣賃金が物価に遅れて動くことは、今や一般に広く認められているため、詳細な説明は必要ない」と述べている。[*20]

すなわち、ケインズに言わせれば、貨幣賃金の硬直性が失業の原因と考える立場こそが古典派であって、これは本質的にケインズが「古典派の公準」として明確に拒否した論理に基づいていることを改めて強調しておきたい。その意味では、価格の硬直性を重視するニュー・ケインジアンは、方法論的にケインズよりも「古典派」に近い側面をもっている（ニュー・ケインジアンの方法論については第2章で改めて触れる）。

ケインズ理論にとっては貨幣賃金の硬直性や調整速度は本質的な問題ではない。問題はもっと別のところにあり、それは大別して二つある。一つは、古典派モデルの想定と異なり、労働者は貨幣賃金には敏感に反応するけれども実質賃金についてはそうではないという点（これはつまり労働者の行動は必ずしも合理的ではないという主張である）、いま一つは、古典派モデルは右上がりの労働供給曲線を想定している点で、完全雇用を前提しているという点である（もし市場に非自発的失業者が存在しているならば、彼らを雇うことで、賃金を上昇させることなく雇用量を増やすことができる。その場合、労働供給曲線は右上がりにはならない）。

4　ケインジアン・モデル(一)

ケインジアン・モデルと消費関数

ケインズ以前の経済学には、国民所得の変動を論じる議論はあっても、所得水準を決定する理論は存在しなかった。これを提供したところに『一般理論』の大きな意義がある。ケインズによると、国民所得、ひいては雇用量は有効需要の大きさによって決まる。これを有効需要の原理という。有効需要とは購買能力を伴った需要であり、消費需要と投資需要の合計からなる。

ケインズの議論は複雑で難解であるが、ここではその骨格の概略を理解するために、単純なケインジアン・モデルを紹介する。人口・技術・資本設備等が所与である短期のモデルを考える。政府部門や外国貿易も当面は捨象する。

最初に想定されるのが、ケインズ型消費関数というもので、人々の今期の消費は今期の所得に依存すると仮定する。もちろん、これはかなりの単純化であって、実際には富裕層の消費は、彼らの保有する資産の価値の変動によって著しい影響を受けるし、将来に関する見通しの変化によって現

在の消費行動が大きく左右されることもあり得ることをケインズは認めている。[*21] とはいえ、大まかにみれば、

人間本性に関するわれわれの知識から先験的にみても、また経験の詳細な事実からみても、ともに大きな確信をもって依拠することのできる基本的心理法則は次のようなものである。人々は、通常かつ平均的に、所得が増加するにつれて消費を増加させるが、所得の増加と同じ額だけは増加させないという傾向がある。[*22]

所得が増加すると消費も増えるが、その増え方は所得の増え方ほどではない。消費の増加分を所得の増加分で割ったものを限界消費性向というが、上記の仮定は、この限界消費性向が0から1の値をとることを意味する。

式で表現するならば、消費需要をC、所得をYとして、

$$C = C(Y)$$

$$0 < \frac{dC}{dY} < 1$$

となる。

貯蓄Sは、所得のうち消費されなかった分であり、$S=Y-C$と定義される。ここで、貯蓄水準の決定において利子率が何の役割も果していないことに注目したい。「古典派」理論では、貸付資金の需要と供給、すなわち投資需要と貯蓄供給によって利子率が決定されると考えられていた。これに対して、ケインジアン・モデルでは、貯蓄の増加は、同じだけの消費の減少を意味する。

さて、右のような消費関数を想定すると、国民所得水準は投資需要によって決まる。ここでいう投資とは、新しい向上や生産設備、在庫品といった実物資本の増加を意味する。

投資をIとすると財市場の均衡条件は$Y=C+I$であり、$S=Y-C$であることから、S＝Iとなる。「古典派」モデルでは、投資と貯蓄によって利子率が決定されるのに対し、ケインジアン・モデルでは、投資と貯蓄によって国民所得が決定される。

なお、この国民所得決定理論を表す最もシンプルなモデルが45度線モデルである。第二次世界大戦後、本来きわめて難解であったケインズ経済学が普及するにあたって、この45度線モデルは大きな役割を果たした。

このモデルを考えるにあたって、均衡条件は

・総需要関数$Y=C+I$

・投資I＝貯蓄S

をともに満たすことである。

まず図3の上の図では、縦軸に総需要、すなわち消費C＋投資Iをとり、横軸に国民所得Yをと

る。原点から右斜め上に引いた45度線上の点はすべて、縦軸と横軸から等距離にある。したがって、45度線上の点は$Y = C + I$を満たしている。この関係はつねに満たされなければならないため、均衡点は45度線上に存在する。

消費Cは所得Yの関数であり、直線で表されている。直線の傾きは、限界消費性向の値であり、0から1の間の値をとる。$C + I$は、投資額が一定の場合、消費需要に投資需要を加えたものとなる。$C + I$と45度線の交点Eが均衡国民所得水準を表している。

下の図は、同じことを別の角度から眺めたものである。限界貯蓄性向は0から1の値をとるため、

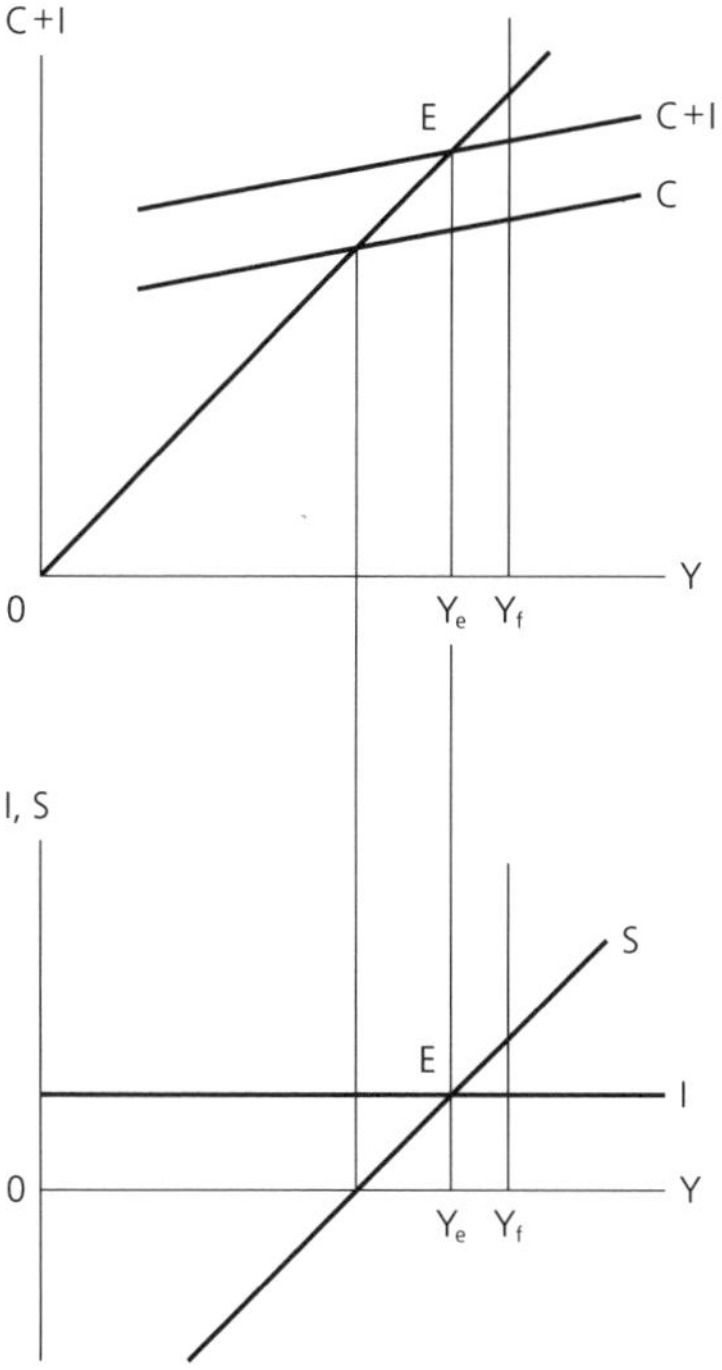

図3 45度線モデル

Sは右上がりの直線として描かれる。また、Iは暫定的に一定とされているため、横軸に平行な直線となる。均衡点Eにおいては貯蓄Sと投資Iが等しくなっていることがわかる。また、上の図において直線Cと45度線が交わる点は、所得のうち全額を消費にまわしている状況であり、下の図においては貯蓄Sがゼロの点が対応する。

ここで重要な点は、こうして決まった均衡国民所得水準Y_eが、完全雇用に対応しているとは限らないということである。それは完全雇用水準よりも低いこともあり得る。例えば、図のように、完全雇用均衡はY_eよりも右のY_fの位置にあるかもしれない。その場合、市場経済には自動的に雇用水準を完全雇用水準にまで引き上げるメカニズムは備わっていないということになる。つまり、市場に委ねても失業問題は解決しないのである。

需要・供給のグラフに基づいた「古典派」モデルの含意は、需給均衡点は完全雇用に対応する最適な点であって、市場メカニズムの働きによって、いずれはこの均衡点に収束する傾向をもつというものである。すなわち、あくまで、何らかの事情によって、適切な調整が妨げられているがゆえに失業が生じるのであって、その障壁さえ取り除けば、賃金が下落することによって失業問題は解決するはずである、と。

これに対して、45度線モデルの重要な含意は、経済が完全雇用以下の水準で均衡してしまう場合があるということである。そして均衡点である以上、市場経済には失業問題を自然に解決する傾向は備わっていない。いうなれば、「古典派」モデルは、すべての病は安静にしていればいずれ治癒すると考えるのに対し、ケインジアン・モデルでは、手術なしには解決しない病もある、と考えるところに相違がある。

そして失業の原因は有効需要の不足にある。有効需要は、消費需要と投資需要からなるが、需要不足でY_eがY_fよりも小さい場合には、政府が減税や財政支出の増加等の対策をとることによって有効需要を増やし、$C+I$曲線を上方にシフトさせなければならない。逆に、需要が過剰でY_eがY_fを超過しているような状況では、政府は増税や財政支出の削減によって$C+I$を下方にシフトさせなければならない。

このモデルはケインズの国民所得決定理論のエッセンスをわかりやすく示しており、その意味では有用であるが、ケインズ経済学においてきわめて重要な金融市場が描かれていないところに大きな限界がある。ここで描かれている世界はあくまで財市場のみであり、政府支出や減税による総需要管理政策を「ケインズ政策」としてしまうと、一面的な理解に陥る。ケインズ主義といえば財政政策が想起されることが多いのは、教科書においてこの45度線モデルが果たした役割の大きさがその一因であると思われる。

乗数

ケインズの国民所得決定理論の要に乗数という概念がある。これは、投資が国民所得に及ぼす影響を説明するものである。総需要関数$Y=C+I$より、

$$\Delta Y = \Delta C + \Delta I$$

$$\left(1 - \frac{\Delta C}{\Delta Y}\right)\Delta Y = \Delta I$$

限界消費性向$\frac{\Delta C}{\Delta Y}$を c $(0<c<1)$ とおくと、

$$\Delta Y = \frac{1}{1-c}\Delta I$$

となる。すなわち、投資の増加は、その$\frac{1}{1-c}$倍の国民所得の増加を生み出す。例えば、投資が一億円で、限界消費性向が〇・八であれば、乗数は五となり、五億円の国民所得が生み出される、という具合である。

乗数は、ケインズの弟子のリチャード・カーンが一九三一年六月に『エコノミック・ジャーナル』誌上で発表した「国内投資の失業に対する関係」で論じられた。カーンは、投資が増加すると乗数的波及によって雇用量が増大することを論証したが、ケインズはそれを全体としての産出量水準の決定の理論に昇華させた。ケインズ理論においては、全体としての産出量、雇用量がいかなる水準に定まるかを考えるにあたって、この消費関数、乗数という概念が決定的な役割を果たしている。

なお、乗数に関するマクロ経済学の教科書の説明では、例えば政府が一兆円の公共投資を行うと、それが誰かの所得になり、その所得の一部（例えば限界消費性向が〇・八なら八〇〇〇億円）がまた支出されて別の誰かの所得になり、さらにその一部（六四〇〇億円）が支出されて別の誰かの所得になり、といった具合に波及していき、最終的に五兆円の所得を生み出す、といった説明がなされる。この説明には問題があるが、それについては後述する。

ミクロとマクロ：合成の誤謬

なおここまで述べてきた乗数とは、マクロ的にのみ定義できる概念である。全体としての投資と全体としての産出量とのあいだには、いかなる時点においてもつねに乗数関係が成立している、というケインズの議論は、ミクロにおける経済主体の投資行動の積み重ねによって波及が進むといった議論とは明確に異なる。

では、ミクロ経済学とマクロ経済学の本質的な違いとは何だろうか。[*23] ミクロ経済学とは、個々の経済主体の合理的行動から演繹される学問体系であるが、もしもそれらの合理的行動の積み重ねによって社会全体の姿が規定されるのであれば、マクロ経済学という学問に本質的な存在意義はないとさえいえる。マクロとは、ミクロの合計であり、単なるミクロ経済学の一分野にすぎない、ということになってしまうからである。現在では、そのような理解をしている経済学者も少なくない。

ミクロ経済学、マクロ経済学といった呼び方、また分類が登場したのは第二次世界大戦後のことであるが、これが、ケインズ経済学が新しい経済学のスタンダードとして定着する時期と重なっているのは偶然ではない。ケインズは、ミクロの事象の積み重ねによってマクロの関係が得られるという方法論を否定した。

合成の誤謬と呼ばれるケインズのこの考え方の源泉は、学生時代に影響を受けたムーアの哲学にある。いくつか例を挙げてみよう。

スポーツ観戦、あるいはコンサートホールなどで、座席に着席している状況を考えてみよう。前の人の頭が邪魔でよく見えないとき、自分だけが立ち上がれば良くみえるようになる。これは（マナーやルールをひとまず無視すれば）その限りでは合理的な行為ではあるが、それを見て他の人も立ち上がれば状況は変わる。全員が同様に考えて立ち上がってしまうならば、自分一人が立つことによってよくみえるというメリットはなくなってしまう。

高速道路の渋滞についても同様のことがいえる。お盆やお正月に車で帰省する際、時間を短縮するために高速道路を利用するというのは、ミクロ的には合理的な行為である。しかし、多くの人が同様に考え、皆が高速道路を利用した結果、大渋滞が発生してしまうこともある。これらは、自分一人が実行するのであれば合理的な行為であっても、皆が同じ行動をとると、決して合理的とはいえない状況を生み出してしまうケースである。

経済に関していえば、銀行の取り付け騒ぎや流動性危機がこれにあたる。取り付け騒ぎとは、英語でbank runと呼ばれるように、銀行などの経営破綻の噂が広がるなどして、信用不安が懸念される状況で、預金者たちが、預金を引き出そうと窓口に殺到する現象のことである。銀行は普通、すべての預金が一斉に引き出されるような状況は想定していない。したがって極端な話、預金者が皆、自分の預金を引き出そうとすれば、健全な銀行であっても窮地に陥る。自分の預金を守ろうとする預金者の合理的な行動が、結果として金融機関の破綻という社会的混乱を引き起こす事例である。かつての大恐慌の時期には実際にこのような現象が多発した。預金保険制度はこうした事態を防ぐために存在する。[*24] この預金者を、他の金融機関に置き換えれば流動性危機の問題になる。

すべてこれらの事例は、合理的な個人の行動を積み重ねても、社会的に望ましい状況が生み出されるとは限らないことを示している。

国レベルでの政策でみても、一国単位でみれば合理的な政策が、どの国も採用すれば有害な効果をもたらすという事例もある。例えばケインズは、一九三二年の講演で、競争的賃金切下げ、競争的関税、外国資産の競争的現金化、競争的通貨切下げ、競争的節約運動、新開発の競争的抑制といった、一国単位でみれば合理的な手段が、近隣窮乏化をもたらすことを指摘している。[*25] また、一九三三年の「繁栄への道」においても、通貨切下げと関税などを例に、同じ問題を指摘している。

報復的な通貨価値の切下げと報復的な関税、さらに、為替制限、輸入禁止、輸入割当制のような、個々の国の国際収支を改善させるいっそう意図的な手段などは、それらがいたるところで採用されるならば、どの国をも救済しないばかりか、それぞれの国を害するであろう。[*26]

節約のパラドックス

いまひとつ、別の経済学的な文脈でこの問題を考えると、「節約は美徳か？」という古くから経済学者が取り組んできた問題につきあたる。そしてケインズ経済学の乗数の関係を使うと、この問題に明快に答えることができる。

投資の増加分を一〇〇、限界消費性向を〇・九とすると、乗数は一〇となり、一〇〇〇の所得増加が見込まれる。その場合の消費は九〇〇で、貯蓄は所得一〇〇〇のうち消費されなかった残りであるから一〇〇となる。投資と貯蓄は一致している。

ここで、もし人々が貯蓄を増やして、所得の一〇パーセントではなく二〇パーセントを貯蓄するようにしたらどうなるかを考えよう。個々の家計というミクロのレベルでみれば、当然、貯蓄は二倍になるはずである。しかし、社会全体ではどうか。限界貯蓄性向が〇・二、つまり限界消費性向は〇・八になり、乗数は五となる。一〇〇の投資増加があると、乗数は五であるため所得は五〇〇増える。貯蓄はその五〇〇億の二割であり、一〇〇億にしかならない。貯蓄の割合を倍増させたにもかかわらず、乗数が小さくなったことで所得が減少し、貯蓄額としては変化していないことがわかる。

このように、すべての個人が貯蓄を増やしても、社会全体としては、貯蓄は増えないという奇妙なことが起こる。これを節約のパラドックスという。

ここから、マクロ的には、投資が所得の増加を経由してそれ自らに等しい貯蓄を生

投資	限界消費性向	乗数	所得	消費	貯蓄
100	0.9	10	1000	900	100
100	0.8	5	500	400	100

み出すという関係が理解できる。また、マクロ的に投資と貯蓄がつねに等しいと言うためには、この乗数関係は、つねに成立していなければならない。逆に言うと、マクロ経済学のテキストで描かれているような波及の議論では、波及プロセスが終了するまでは投資はその乗数倍の所得を生み出していないということであり、ひいては、それまでは投資と貯蓄は等しくない、ということになってしまう。つまり、波及論的な乗数理解では、マクロ的関係として投資と貯蓄がつねに等しくなるというケインズ経済学の論理を説明できないのである。実際のケインズの議論では、乗数関係はいかなる時点においても恒常的に成立している。[*27]

節約のパラドックスについて、ケインズは一九三三年九月一九日の『デイリー・メイル』に寄稿した論説のなかで論じている。

節約する個人は裕福になることができる。なぜなら、彼は、たとえ社会の富を増加させることは何もしなくても、そのようにして社会の富のより大きな割合を獲得するからである。多くの人はこのことから、社会全体も同様にして節約により富裕になることができると考える。個人による支出の拒絶が個人の富を増加させるのとまったく同様に、国による支出増の拒絶が国富を増加させると考えられている。しかし、これは起こり得ない。[*28]

また『レッドブック』誌一九三四年一二月号では、「アメリカは支出拡大で回復への道をたどることができるか」と題する論説で、「浪費癖のある人はすぐに貧乏になってしまう。……しかし、一人の個人を貧しくするかもしれない行動のもたらす事態は、一国を豊かにしうるのである」[*29]と述べている。これは、個人を破滅させかねない浪費が、有効需要の創出という意味で社会の役に立っていることを意味している。

なお、本節では説明をわかりやすくするため乗数に五や一〇といった数値例を用いたが、ケインズが一九三三年時点で実際に想定していた乗数の値は、一と一／三ないしは一と一／二程度であった。[*30]

節約のパラドックスと囚人のジレンマ

節約のパラドックスの議論は、ゲーム理論でいう囚人のジレンマの一種に相当する状況と考えることもできる。有効需要の原理からすると、不況の原因は人々の貨幣愛（お金を使わないで貯め込むこと）にある。人々が十分にお金を使えば（消費性向を高めれば）景気は良くなり、貯蓄すれば（消費性向を低めれば）景気は悪くなる。節約はミクロ的には美徳であるが、マクロ的には経済に悪影響をもたらす。もちろん、現実にはプレイヤー数が二人ではなくて多数であるという点には留意する必要があるが、いまプレイヤーを二人として、便宜上、お金を十分に使うことを協調、貯蓄することを裏切りのカテゴリーに分類し、以下のような枠組みで考えてみよう。

単純化のため、二人がともに十分お金を使うと好況になり、一人だけが使うと景気は横ばい、二

		B	
A		貯蓄する	お金を使う
	貯蓄する	(2, 2)	(6, 0)
	お金を使う	(0, 6)	(4, 4)

人とも使わないと不況になるものとする。カッコ内の数字は、それぞれA、Bの利得を表している。

社会的に最も好ましい状況は利得（4,4）で表される右下で、AもBも十分にお金を使い、好景気になることである。それによって税収も増え、将来の社会保障の財源も安泰な状況である。いずれか一方だけがお金を使う場合、例えばAがお金を使い、Bが貯蓄するケースでは、Bがお金を使わないため景気は横ばいである。Bはお金を使わずしてAの支出によって不況を回避できたため大きな利得を得るが、Aはお金を使ったにもかかわらずBの貯蓄という裏切りにより好景気は実現されず、将来の年金も心許ないかもしれない。しかもBと違ってAには貯金もないため、状況は厳しい。この場合の利得はAが0、Bが6となる。AとBの立場を逆にしても同様である。自分以外の人がお金を使って景気を支えてくれて、自分だけは堅実に貯蓄をするというのが、その個人にとっては最も好ましい。両者がともに貯蓄した場合は、各人、自分で将来への備えはしているが、景気は悪いままである。

このゲームにおける合理的な戦略を考えてみよう。Aの立場からすると、仮にBが貯蓄した場合でもお金を使った場合でも、いずれにせよ自分は貯蓄をするという選択が最善である。そしてBの立場からしても、同じことがいえる。このような状況を考えると、人々はともに貯蓄することを選び、景気は悪くなる。全体として考えれば、AもBもお金を使うという、お互いにとってより好ましい戦略が存在するにもかかわらず、それが選択されることはないという意味で、これは囚人のジレンマの状況であるといえる。

ただし、囚人のジレンマは、それが一回限りのゲームである場合、あるいは回数の決まっているゲームの場合、双方ともに裏切りは不可避という結論になるが、このゲームが不特定回繰り返されるならば、協調の余地はある。

現実の経済がこの囚人のジレンマゲームと違うところは、プレイヤーが二人ではなく無数にいるため、交渉・協調のしようがないということである。理屈のうえでは景気を良くする方法は簡単である。将来のことなど気にせず、皆がどんどんお金を使えばよい。しかし、実際問題、それは非現実的であろう。贅沢は悪であり、アリとキリギリスの寓話でキリギリスを反面教師とする見方は根強いし、年金不安がささやかれ、将来に不安を抱えている家計は、貯蓄よりも消費を優先する行動はなかなかとりづらい状況にあるからである。とりわけ若年層は、非正規雇用が増え、十分な収入がないうえに、さらに自分たちの老後にどれほどの年金がもらえるか不確実な状況で、旺盛な消費意欲は見込みにくいと思われる。お金を使わないから景気が良くならない、十分な収入がないから使えるお金がない、おそらくどちらも真理であろう。日本の長引くデフレはこのような心理状況を反映しており、二〇一三年以降、日銀が国民の間にインフレ期待を醸成しようとして苦戦したのもここに原因の一つがある。

「世界経済恐慌と脱出の方法」と題する一九三二年のケインズの講演から一節を引用しておきたい。*31

個々人は、自分の個人的な都合で通常の支出を切り詰めざるを得ないかもしれず、そして誰もその人を非難することはできない。しかし、その個人はそのように行動することで公共の義務を果たしているなどと考えてはなるまい。自発的にかつ不必要に、有益であると広く認められている支出を切り詰めたりあるいは延期したりする一個人、もしくは一機関、もしくは一公共団体は、反社会的行動を行っているのである。*32

5　ケインジアン・モデル(二)

投資水準の決定

さて、ここまでの議論で、消費関数を基礎とした乗数という関係によって、投資水準と所得水準(雇用量)との関係が明らかになった。ではその投資水準は何によって決まるか。ケインズは、資本の限界効率と利子率であると考えた。この投資の決定要因は、45度線モデルではブラックボックスのまま残されていた。なぜなら、45度線モデルは金融市場を捨象しており、金融市場に関係する利子率は出てこないからである。

投資水準を決定するのは、予想利潤率である資本の限界効率と、投資資金の調達コストに相当する利子率である。つまり企業が新規投資をするかどうかは、その投資の採算性に関する将来予想と、必要な資金を調達するためのコストとの兼ね合いということになる。

いっそう正確にいえば、私は、資本の限界効率とは、資本資産から存続期間を通じて得られると期待される収益によって与えられる年金の流列の現在価値を、その供給価格にちょうど等しくさせる割引率に相当するものであると定義する。*33

この資本の限界効率とは、厄介な概念である。ビジネスの世界には不確実性がつきまとう。もちろん、企業が投資を行う場合には収益期待やリスク要因などについて細心の注意を払って調査し計画を立てるであろう。しかし、現実には不測の事態が生じて見込みが外れることなどいくらでもある。理論上は、投資によって生み出される生産設備が将来生み出すと予想されるキャッシュフローの現在価値を算定するが、いかに緻密な計算をしようとも、所詮は現時点での予想でしかない。この難しさをケインズは熟知していた。

顕著な事実は、われわれが予想収益を推定するさいに依拠しなければならない知識の基礎が極端に当てにならないということである。投資物件の数年後における収益を規定する要因について、われわれの知識は通常きわめて乏しく、しばしば無視しうるほどである。率直に言えば、われわれはある鉄道、銅山、繊維工場、特許薬品ののれん、大西洋定期船、ロンドン市の建物などの一〇年後における収益を推定するに当たって、われわれの知識の基礎がほとんどないか、時にはまったく無であることを認めなければならない。五年後についてさえそうである。事実、このような推定をしようと真面目に試みる人々はいつも非常に少なく、市場を支配するのはこういう人々の行動ではない。[*34]

こうした将来予測が現在の行動を決めるという発想は、ケインズの専売特許ではなく、同時代のケンブリッジ学派の経済学の重要な特徴でもあった。

また、株価が暴落するなどして市場が荒れているときには、資本の限界効率も大きく影響を受ける。

資本の限界効率に悲惨な影響を及ぼした株式価格の暴落は、投機的な確信あるいは信用の状態のいずれかが弱まったことによるものであったといえよう。しかし、暴落を引き起こすにはそのいずれかが弱まることで十分であるのに、回復するためには両方がともに復活することが必要である。なぜなら、信用の弱まることは暴落をもたらすのに十分であるけれども、それが強まることは、回復にとって必要条件ではあるが、十分条件ではないからである。[*35]

企業の業績を予測する人間には、大別して二種類いる。ひとつは、その企業内部で、経営的判断から、新規事業に投資をすべきかどうかという意思決定を行う人。いまひとつは、投資家の観点から、その企業に投資をするかどうかを判断する際、その企業の手掛けているプロジェクトに将来性がありそうか予測をする人である。

資本の限界効率を予測する活動には、投機が深く関与している。将来発生すると予想される出来事は、現在の株価に織り込まれる。そして、期待のわずかな変化が企業の株価を大きく左右し、それがさらに資本の限界効率を不安定化させる。

財政政策の効果

乗数関係を基礎とするケインジアン・モデルから、財政政策は有効であるという結論が理論的に導かれるが、その効果について考えてみたい。景気刺激策としての財政政策は、大別して政府支出の増大と減税の二つに分けられる。

理論的には、減税よりも政府支出の増大の方が乗数は大きくなる。なぜなら、政府支出の増大の場合は、その支出分は全額が確実に有効需要に結び付くが、減税の場合は、それによって人々の可処分所得が増えたとしても、貯蓄にまわされる部分は有効需要にならないからである。つまり、人々の手許にお金が渡っても、貯め込んで使わない場合には景気改善につながらない。したがって、マクロ理論上は、景気対策としては減税よりも政府支出の方が効果は大きいといえる。

ただ、それをもって政府支出は減税よりも優れた政策であると一概に言い切ることもできない。それは、支出の中身に関係する。減税によって増えた人々の可処分所得は、各人の都合に応じて好きな用途に支出する（あるいはしない）ことができる。これは、ミクロ的には当事者にとって最も満足度の高い使途である。他方、政府支出の増加の場合、租税として徴収されたお金の使途は政府に委ねられることになる。確かに、マクロ的には確実に支出されるため乗数を大きくするというメリットがあるが、ミクロ的には税金が自分と何の関わりもないことに使われれば、良く思わない人もいるであろう。

政府が国民から深く信頼され支持されている場合、そして政府は税金を有意義に使ってくれると国民が信じている場合には、公共事業は減税よりも優れた政策になり得る。しかし、そうでない場合には減税の方が好ましい、という主張もまた成り立つ。伝統的に、アダム・スミスなど経済学者が市場を重視してきたのは、市場を万能視していたからというよりは、政府への不信、という側面が強い。また、アメリカでは政府介入への嫌悪感が根強く、伝統的に公共事業は忌避されてきた。

他方、人々の消費意欲が低く、将来に対する悲観的ムードが蔓延している状況では、減税をしても消費には結び付きにくい。人々にお金を配っても、財政状況への不安から、将来の増税が予測されるならば、そのお金は消費ではなく貯蓄にまわるかもしれない。このようなケースでは、減税よりも政府による直接支出の方に分がある。

また、財政赤字を増やさないよう、政府が増税により財源を確保しつつ、同時に支出を増やした場合の効果はどうなるだろうか。これは学部レベルのマクロ経済学の教科書で議論されるように、シンプルな45度線モデルにおいては均衡予算乗数が1となり、ネットの景気刺激効果はない。ただし、モデルの結論は仮定次第でいくらでも変わるため、例えば税収が所得水準に依存するようなモデルを想定すればその限りではない。スティグリッツが主張するように、課税対象や政府支出の用途を適切に選択できれば、全体として好ましい効果が得られる可能性もあるだろう。

流動性選好利子論

ケインズ経済学の最後のピースを埋めるのが利子率を決定する理論である流動性選好説である。まず流動性という言葉について少し説明しておきたい。

経済学では、流動性という言葉がしばしば使用される。これは、交換における通用力、汎用性の高さを表すものである。例えば、不動産のように売却の困難な（売りたいと思ってもすぐに買い手が見つかるとは限らず、また手続きが煩雑である）財は、流動性の低い資産である。株式のような証券は、不動産に比べれば流動性は高いといえるが、一般に、市場が開いている時間帯にしか売買できないし、希望する価格で売却できるとは限らない。市場参加者が少ない銘柄では値がつかないこともあるし、そうでない場合でも、悪材料が出て大暴落に見舞われたときには買い手がつかない、ということもあり得る。それに対し、貨幣は、価格のついているものであれば何とでも交換できる万能性を備えている。貨幣は、不確実な将来に対する備えとして、きわめて有用なものである。

金券ショップなどで、一〇〇〇円の図書カードやギフト券が額面以下の価格で売られているのは、それらが貨幣に比べて流動性において劣るためである。逆に、それらを市場で売却しようとしても一〇〇〇円未満でしか売れないであろう。一〇〇〇円札と一〇〇〇円の図書カードであれば、一〇〇〇円札の方が高い流動性を備えているからである。貨幣は、最も大きな流動性を備えたものであり、ときに貨幣と流動性が同義語として用いられることもある。

伝統的な議論では、利子率は投資と貯蓄によって決まるが、ケインズは『一般理論』において、利子率は貨幣の需要と供給によって決まると考えた。流動性選好とは、貨幣需要のことである。貨幣需要とは、お金が欲しいという意味ではなく、自ら保有している資産のうち、どれぐらいの割合を貨幣という形態で保有するかを意味する概念である。その貨幣需要を、ケインズは大別して三つに分類している。

㈠取引動機、すなわち個人および企業の行う交換の経常取引のための現金の必要、㈡予備的動機、すなわち資産総額のある割合を将来現金の形でもとうとする安全確保の欲求、および㈢投機的動機、すなわち将来起こることについて市場よりもよりよく知ることから利益を得ようとする目的。[*36]

第一の取引動機と第二の予備的動機については所得の関数であり、これらは比較的安定的であるとされる。*37

そして第三の投機的動機は利子率の関数である。ここでは人々は、自らの資産を貨幣で保有するか債権で保有するか選択する。なお、『一般理論』の当該箇所では債権（debt）と債券（bond）が使い分けられているが、以下では便宜上、債券で考える。ケインズは、利子を生まない資産の代表として貨幣を、利子を生む資産の代表として（長期）債券を考えている。債券は、満期まで保有するならば基本的に元本は保証されるが、利子率が変化すると市場価格は大きく変化する。満期を待たずに売却する場合、利益や損失が出る。

ケインズによると、利子率には、市場の多くの人々がそのときどきの状況において正常であるとみなす水準がある。現在の利子率が、正常水準に比べて高い場合には、将来、利子率が上昇する（債券価格が下落する）と予想する人よりも、利子率は下落する（債券価格が上昇する）と予想する人の方が多くなる。その場合、多くの人が今後の債券価格の上昇を予想しており、安いうちに債券を買っておこうとするため、債券需要が増えて貨幣需要が減る。

逆に、現在の利子率が正常とみなされる水準に比べて低い場合、将来、利子率が下落する（債券価格が上昇する）と予想する人よりも、利子率が上昇する（債券価格が下落する）と予想する人の方が多くなる。その場合、多くの人が今後の債券価格の下落を予想しており、現在は債券よりも貨幣で資産を保有しておくことを好む人が増えるため、債券需要は減って貨幣需要が増える。

つまり、利子率が高くなると、貨幣需要は低下し、利子率が低下すると、貨幣需要は増加する。

したがって、人々が資産のうちどれくらいの割合を貨幣という形態で保有するかは、将来の利子率、ひいては債券価格の予想に依存することになる。そしてうまく立ち回ることによって、キャピタルゲインを得るために、現在のポートフォリオを戦略的に考える。これが投機的動機に基づく貨幣需要である。

利子率は高度に心理的な現象であるよりもむしろ高度に慣行的な現象であるといった方が、おそらくはるかに正確であるかもしれない。なぜなら、その現実の値は、その値がどうなると期待されるかについての一般的な見解によって著しく支配されるからである。[*38]

将来が不確実であるため、投資にはリスクが伴う。だからこそ、貨幣には価値の貯蔵先という重要な役割がある。資産を現金で保有するか、債券で保有するか、いずれが良いかは利子率次第ということになる。[*39]

流動性選好説は、貨幣需要分析という面では、マーシャルの分析を発展させたものであるが、ケインズの流動性選好説の本質には投機の問題がある。投機の問題を抜きに市場経済を語れないことを、理論の次元においてもケインズは認識していた。大量失業が発生するのは有効需要の不足が原因であるが、その根本には投機的な思惑による貨幣需要の増大があった。人々は何のために貨幣を保有するのか。あるいは、貨幣をどのように捉えるか。この問題について、以下で考察する。[*40]

『貨幣論』におけるポートフォリオ選択と『一般理論』

『貨幣論』では、公衆は資産を、利子を生む銀行預金で保有するか証券（株式）で保有するか選択する、と想定されていた。より丁寧にいうと、人が貨幣所得のどれだけの割合を貯蓄するかを決定する際、まず現在の消費と富の所有（貯蓄）との選択を行うことになる。さらに貯蓄を選択する場合、資産を銀行預金で保有するか証券で保有するかという第二の選択に直面する。第二の選択は、「保蔵」と「投資」との選択、あるいは「銀行預金」と「証券」との選択と言い換えることもできる。第一の選択はもっぱらフローに関係するものであるが、第二の選択はフローだけでなくストックにも影響する。

ケインズは「他の形態の富に対する貯蓄預金への選好の増加、および銀行からの借入金で証券の保有を続けることに対する選好の減少」を「弱気（bearishness）」と呼び、その反対を「強気（bullishness）」と呼んだ。[*41]

ケインズの定義する「投資」は「公衆の成員による証券の購入ではなく、企業者がその社会の資本に追加をする場合の活動を意味するもの」である。

『一般理論』における投機的動機に基づく流動性選好は、ケインズが、『貨幣論』の中で「弱気の状態」と呼んだものに相当するけれども、それはけっして同じものではない。なぜなら、そこでは「弱気」は、利子率（または債権価格）と貨幣量との間の関数関係としてではなく、資産と債権とを一括したものの価格と貨幣量との間の関数関係として定義されたからである。しかし、この取扱いは、利子率の変化による結果と資本の限界効率表の変化による結果との混同を含んでいた。それを私はここで取り除いたつもりである。[*42]

『一般理論』では、『貨幣論』と違って貨幣は利子を生む資産ではなく、利子を生まない資産の代表とされた。そして公衆の資産選択は、預金か証券（株式）かではなく、貨幣か債権かという選択に変更され、株式は前面には出てこなくなった。預金が生み出す利子は短期利子率であり、債券が生み出す利子は長期利子率に相当する。[*43]

持越費用と流動性プレミアム

「貨幣を除く大部分の資産は、収益を生み出すために用いられるかどうかにかかわりなく（それらの相対的価値の変化は別として）単なる時間の経過によってなんらかの損耗を蒙ったり、何らかの費用をともなう」[*44]が、ケインズはこれを持越費用（carrying cost）と呼んでいる。

また「ある期間に資産を自由に処分しうる力は潜在的な便益あるいは安全性を与える」が、「この処分しうる力によって与えられる潜在的な便益あるいは安全性……のために、人々が喜んで支払おうとする額[*45]」を流動性プレミアムと呼んでいる。

「貨幣の特徴は、その収益がゼロであり、その持越費用は無視しうるほど小さいが、その流動性プレミアムはかなり大きいという点にある」[46]という指摘にあるように、ケインズは貨幣の本質を、持越費用に比べて流動性プレミアムが大きい点に求めている。

ディラードは「不況とは貨幣を退蔵させない代償として支払われなければならないプレミアムが、ほとんどすべての種類の新資本生産を建設する場合に予想される収益率を超過する期間[47]」と述べている。

将来はわからない

ケインズの経済学、経済思想から導き出されるメッセージの一つは、将来のことはわからない、というものである。これは単独で見れば身も蓋もない言明であるが、現代の経済学、あるいはファイナンス理論に照らして考えると、実に重要な意味をもっている。どれだけ知識、経験を積み重ねても、未来を正確に見通すことはできない。[48]

将来を左右する人間の決意は、それが個人的なものにせよ政治的なものにせよ経済的なものにせよ、厳密な数学的期待値に依存することはできず——なぜなら、そのような計算を行うための基礎が存在しないからである——車輪を回転させるものはわれわれの生まれながらの活動への衝動であって、われわれの合理的な自己は、可能な場合には計算をしながらも、しばしばわれわれの動機として気まぐれや感情や偶然に頼りながら、できるかぎり最善の選択を行っているのである。[*49]

また、将来のことはわからない、将来に対する不安が大きいがゆえに、人々は、それに備えて貯蓄をしなければならないと考える。有効需要が不足するのは、将来への不安があるからである。

フリードマンは、経済理論は予測力で評価されるべきだと主張したが、そもそも予測など不可能、というのがケインズである。予測をするための合理的基礎が存在しないからである。

哲学者デイヴィッド・ヒュームが提起した帰納の問題というものがある。ある現象が繰り返し観察されたからといって、それが今後も起こるとは限らない、という問題である。ニコラス・タレブも『ブラック・スワン』という著書のなかで、この問題を論じている。白い白鳥を一〇〇万羽観察したとしても、それは黒い白鳥が存在しないということを証明したことにはならない。「この白鳥は白い」という単称の言明をいくら積み重ねても、「すべての白鳥は白い」という全称の言明に到達することはできない。たった一つでも例外が見つかれば、その全称言明は崩れてしまう。

ある七面鳥の飼い主は、その七面鳥を、愛情を込め大切に育てている。飼育環境に気を配り、良質のエサを毎日与え続けている。ではその飼い主は、七面鳥にとって素晴らしい飼い主だといえるだろうか。過去の経験から判断すればイエスである。しかしそれは、クリスマスの食卓に最高の食材を並べるためかもしれない。[*50]

ケインズはティンバーゲンの計量経済学的な手法に批判的であったが、それは、将来は過去と同じではないからである。[*51]

ヒュームの問題は、金融工学にも大きな課題を突き付けている。金融工学の基本思想として、将来は過去と同様のことが起こり、リスクは正規分布しているという前提がある。この前提が崩れるとき、大きな災厄に見舞われる。例えば標準偏差σの五倍の変動は、理論上は数千年に一度しか起きないとされるが、実際には一〇〇年に一度くらいは起きている。

金融工学の隆盛とともに、リスクはほぼコントロールできるようになったかのように思われていた。ものごとが順調に推移しているときには人間は強気になり、慢心しやすい。八〇〇年にわたる金融危機の歴史を研究したラインハートとロゴフは、その著書に〝*This Time Is Different*〟すなわち「今回は違う」というタイトルをつけた。この本では一九二九年九月一四日付のサタデー・イブニング・ポスト紙の記事が紹介されているが、記事は、いま（一九二九年）ではどんな投資家も事実を知る手段をもっているため、一七一九年のミシシッピバブルのような愚かな過ちを繰り返すことはない、と自信をもって論じている。[*52]ウォール街の株価が大暴落したのはその翌月のことであった。

歴史に学ぶ、ということの意味は、必ずしも、過去に起こったことと同じようなことが未来にも起こるはずだ、と考えることではない。ときに全く予測不可能な突拍子もないことが起こり得る、そして実際に起こってきた、ということを謙虚に学ぶことである。

リーマンショック後、「一〇〇年に一度」の危機というフレーズが多用された。この言葉には、一〇〇年に一度起こるかどうかのきわめて異例な出来事が起こったのだから、これを予測できなかったとしても仕方がない、といった経済学者の自己弁護のような含みがある。問題は、予測できなかったことが悪いのではなく、そもそも予測できないものを予測可能と思い込んで（そして過大なリスクをとって）しまうところにある。

タレブは、「科学が導き出した結論のいくつかは、めったに起こらないことが与える効果を過小評価（あるいは完全に無視）しているので、現実の世界では使い物にならない」[*53]と述べている。この、めったに起こらないが、起こってしまったときには莫大な損失をもたらすようなリスクのことをテールリスクという。

我々は不確実な世界に住んでいるという認識は、主流派の経済学者には稀薄であった。なぜなら、合理的な経済主体の行動から演繹される経済モデルでは、不確実性が捨象されているからである。

アニマル・スピリッツ

ケンブリッジ学派の経済思想の一つの特徴は、人間の合理性には限界があることを認識した現実主義であった。人はつねに将来を見通せるわけではない。不確実な将来に直面しつつも、何かしらの決断を下さねばならない場面は数多くある。そのような局面における人間の行動を、どうみるか。

経済学の法則は単純で精密な引力の法則よりは、潮汐の法則と比較することができる。なぜなら人間の行為は多様で不確実であるために、人間行動の科学において行うことのできる最善の傾向叙述も、精密さを欠き、誤謬に陥りがちであるからである。[*54]

将来のことはわからない。そうであるがゆえに、投資決定は一種、非合理的な衝動に基づくことがある。資金の借入れに関してマーシャルは次のように述べている。

彼らの行動は、冷静な計算によって支配されるところがしばしばきわめて少なく、また借入れに対して支払わなければならない価格をほとんど考えることなしに、どれだけ借りるかを決めることがしばしばある。[*55]

これをケインズは「血気（animal spirits）[*56]」と呼んだ。ケインズは実務の世界に精通していたが、それは当時のケンブリッジ学派の経済学者に等しく共通する特徴であった。結局のところ、投資決意とは、合理的な判断を下す基礎の存在しない不確実な将来に対して、どのように向き合うかという決断に他ならない。

古典派やマーシャルにおいて、不確実性は茫漠としたかたちで認識されているが、議論の中枢を占めているわけではなかった。この点を経済理論の次元でも、より強調したのがケインズである。

現代における最大の経済悪は、危険、不確実性、無知に起因するところが多い。富のはなはだしい不平等が生ずるのも、境遇や能力に恵まれている特定の個人が、不確実性や無知につけ込んで利益を手に入れることが可能であるからである。[*57]

企業が将来の利益の正確な計算を基礎とするものでないことは、南極探検の場合とほとんど変わりがない。したがって、もし血気が鈍り、自生的な楽観が挫け、数学的期待値以外にわれわれの頼るべきものがなくなれば、企業は衰え、死滅するであろう。……

将来を左右する人間の決意は、それが個人的なものにせよ政治的なものにせよ経済的なものにせよ、厳密な数学的期待値に依存することはできず――なぜなら、そのような計算を行うための基礎が存在しないからである――車輪を回転させるものはわれわれの生まれながらの活動への衝動であって、われわれの合理的な自己は、可能な場合には計算をしながらも、しばしばわれわれの動機として気まぐれや感情や偶然に頼りながら、できるかぎり最善の選択を行っているのである。[*58]

合理的な経済主体の行動から演繹される経済モデルは、ケインズが「ベンサム主義」と呼んで拒絶したものであるが、これは現在の標準的な経済学のテキストが採用している仮定でもある。ただしケインズはこれを「古典派」モデルと同一視しているが、マーシャルもまたこのような合理的経済人を前提とした方法論を拒否していたことは強調しておきたい。古典派とケインズとの対比を、合理的経済人モデル対不確実性、といったステレオタイプ的な対立構図で捉えるのは正しくない。

「ケインズ政策」とは何か?

ケインズは一九三〇～三一年の時点では、公共事業政策はイギリスのような、金本位制下の深刻な支払収支制約に直面している国が用いるべきであって、合衆国は不況には金融政策のみで対処することを勧告していた。[*59] また一九三一年初頭にシカゴで失業について講義した際には、公共支出ではなく金融政策の重要性を強調していた。[*60]

一九三三年に発表された「繁栄への道」では、最近の不況を招いた主要因子が「アメリカ合衆国から融資を仰いでいた公債発行によってまかなわれていた国内向け、海外向けの支出の瓦解」であったとしている。[*61] その際、必要なことは、第一に、銀行信用が低廉で豊富であること、第二に、長期利子率が、合理的にみて健全な借手のすべてにとって低率であること、であった。このためには中央銀行による公開市場操作、大蔵省による時宜を得た公債借換計画などが求められる。[*62] そして第三に、営利的企業は、利潤の回復が始まる後まで、規模を拡大しようとしないため、公共当局のイニシアティブに基づいた行動が求められる。そこではケインズは「全世界が足並みをそろえて公債支出の増加をはかる以外に、世界の物価を上昇させるのに有効な手段が存在しない」と結論していた。[*63]

本来の意味でのケインズ政策とは、まずは金融政策を試み、それで効果が出ない場合には財政政策を検討する、というものである。戦後のアメリカのケインジアンの視界からは前者が欠落し、ケインズ政策＝財政政策という理解が広まった。そのため、ケインズ経済学では金融政策は無効といった誤解が生まれることになったが、ケインズ自身は金融政策を無効とも万能とも考えていない。

> 利子率がある水準にまで低下した後では、ほとんどすべての人が、きわめて低い率の利子しか生まない債権（debt）を保有するよりも現金の方を選好するという意味において、流動性選好が事実上絶対的となる可能性がある。この場合には、貨幣当局は利子率に対する効果的な支配力を失っているであろう。しかし、この極限的な場合は将来実際に重要になるかもしれないが、現在までのところでは私はその例を知らない。[*64]

ケインズは、貨幣需要が無限大になり金融政策が効果を発揮しない「流動性の罠」の状況が存在することを否定したが、これは理論的なものというより、現状認識に関するものである。それは、ケインズの時代、金利がゼロにまで下落することはなかった、という単純な歴史的事実を反映している。ケインズの立場は、以下の文章に端的に表明されている。

> われわれが、貨幣は経済体系を刺激し活動させる一杯の酒であると主張したくなるとしても、コップを唇へもっていく間になお過ちはいくらもありうることを忘れてはならない。なぜな

ら、貨幣量の増加は、他の事情が変化しないかぎり、利子率を低下させると期待してよいけれども、もし公衆の流動性選好が貨幣量よりもより多く増加するならば、そういうことにはならないし、また利子率の低下は、他の事情が変化しないかぎり、投資量を増加させると期待してよいけれども、資本の限界効率表が利子率よりもより急速に低下するならば、そういうことにはならないし、さらに投資量の増加は、他の事情が変化しないかぎり、雇用を増加させると期待してよいけれども、消費性向が低下するならば、そういうことにはならないからである。[*65]

ケインズ経済学における失業と投機の関係

本章では、「古典派」モデルとケインジアン・モデルの対比を通じてケインズ経済学の特徴をみてきた。「古典派」モデルでは、失業は労働市場における需要と供給の問題として考察される。したがって、失業が生じる理由は賃金が高すぎることであり、賃金の硬直性にある。

これに対し、ケインズの考えでは、賃金の硬直性というのは本質的な問題ではなく、失業の原因は労働市場だけみていてもわからない。失業は有効需要の不足によって生じる。有効需要とは購買力の裏付けをもった需要のことであり、消費需要と投資需要からなる。投資と所得（雇用）とのあいだには乗数という関係があるため、投資水準が決まれば所得水準も自動的に決まる。投資を決めるのは、資本の限界効率（予想利潤率）と利子率であり、利子率を決めるのは流動性選好（貨幣需要）

と貨幣供給である。したがって、突き詰めると、失業の真の原因は金融市場における、人々の貨幣愛にある。

これを家計の行動からみると、不況は人々がお金を使わない（使うお金がない、あるいは使う意思がない）ために生じる、ともいえる。皆が節約してお金を使わなければ、経済がまわらず不況になる。逆に、景気を良くするためには皆がどんどんお金を使えばよい。理屈としては簡単なことではある。しかし、ではそれを知ったところで人々は素直にお金を使うようになるかといえば、おそらく否であろう。多くの人は、将来に不安を感じており、貯蓄をしなければならないと考えている。ここには論点が二つある。

ひとつは、将来に関する人々の予測が現在の行動を決めるという要素である。経済学では、人々のインフレ期待を考えるが、普通の人々は普段、あまりそのようなことを意識しない。人々の消費行動を決める要素としては、必ずしもインフレ期待が何パーセントであるかといった専門的な事柄ではなく、将来の自分の経済状況が改善しそうだと思えるかどうか、すなわち、正規の職につけるかどうか、賃金が上がるかどうか、十分な年金がもらえそうかどうか、といった面が大きいように思われる。

いまひとつは、将来に備えて貯蓄をするという行為は、個々の経済主体というミクロ的な観点からすれば、堅実で合理的な行為であり、マクロ的な観点からすれば、経済を停滞させる有害な行為（ケインズは「反社会的」と形容している）であるという点である。ここには「合成の誤謬」の問題がある。

最後に、流動性選好説の核心には投機の問題がある。つまり、ケインズ経済学においては、失業も、根本のところにさかのぼれば投機と投資の問題と深く関係しているのである（ケインズ体系において失業と投機がどのように関連するかについては、五三ページの図を改めて参照されたい）。ケインズは当初から貨幣の専門家であり、長年の投機経験を通じて金融の実務にも精通していた。そして投機の問題を抜きに市場経済を語れないことを、理論の次元においても認識していた。こうした経済観がその後、いかに骨抜きにされ、ねじ曲げられていったかを次節で検討したい。

＊1　G・E・ムア、『倫理学原理』、一一〇ページ
＊2　Keynes, John Maynard, XII, *JMK XII Economic Articles and Correspondence. Investment and Editorial*, p.689
＊3　ジョン・メイナード・ケインズ、『インドの通貨と金融』、一八ページ
＊4　『インドの通貨と金融』、一二ページ
＊5　Marshall to Keynes, 13 June 1917, in Whitaker ed.（1996）vol.3, pp.346-47. なお、ホワイトホールとはイギリスの官庁街を指す。
＊6　ジョン・メイナード・ケインズ、『平和の経済的帰結』、一五七―一五八ページ
＊7　金本位制復帰をめぐるケインズの立場の変遷については、伊藤宣広「戦間期イギリスの金本位制復帰問題とデフレーション」を参照。
＊8　ジョン・メイナード・ケインズ、『貨幣論Ⅰ　貨幣の純粋理論』、一七七―一七八ページ
＊9　『貨幣論Ⅰ　貨幣の純粋理論』、一八一―一八三ページ
＊10　ピーター・テミン、デイビッド・バインズ、『リーダーなき経済――世界を危機から救うための方策』第3章を参照。
＊11　人々が貨幣所得のうち現金残高で保有しようとする割合。
＊12　マリア・クリスティーナ・マルクッツォ『市場の失敗との闘い――ケンブリッジの経済学の伝統に関する論文集』の第1章を参照。

＊13 実在の「古典派」経済学者が本当に古典派モデルのような議論を信奉していたか否かについては議論の余地があるが、これについては伊藤宣広「ケンブリッジ学派の雇用・利子・貨幣理論とケインズ」を参照。

＊14 Keynes, John Maynard, *JMK XIV The General Theory and After. Part II: Defence and Development*, p.297

＊15 ロバート・スキデルスキー、『ジョン・メイナード・ケインズ　裏切られた期待／1883～1920年［I］』、六一ページ

＊16 マーシャルやピグーは、ケインズが攻撃した「古典派の第二公準」を採用していない。日本におけるケインズ研究の権威である伊東光晴は次のように述べている。
「新古典派の祖マーシャルは、労働者の行動について直視しています。賃金が下がれば、労働者は収入が減るので、今までの収入に近づこうとして、もっと長く働こうとする。つまり、賃金が下がると労働供給量は増える。したがって、労働市場で供給過剰になると賃金は下がり、もっと供給が増え、さらに供給過剰になり、賃金は下がり続ける。この悪循環による賃金の下落を防ぐためには、労働者が労働組合をつくり、賃金を上げる運動をしなければならないとしたのです。しかし、現代の標準的なミクロ理論は、財の供給曲線も労働の供給曲線も同じように、賃金（価格）が下がれば、供給量は減ると考えています。マーシャルとは逆です」（『現実から遊離する経済学』）

＊17 最近、ロジャー・バックハウスは興味深い仮説を提示している。すなわち、『一般理論』は有能な数学者の著作であり、数式を使っていないところでも、その言葉による論証の背後には数学的な思考様式が潜んでいる、と。（『リターン・トゥ・ケインズ』第7章）

＊18 伊藤宣広『現代経済学の誕生――ケンブリッジ学派の系譜』を参照。

＊19 ジョン・メイナード・ケインズ、『雇用・利子および貨幣の一般理論』、二五五ページ

＊20 Robertson, D.H. , *A Study of Industrial Fluctuation: An Enquiry into the Character and Causes of the so-called Cyclical Movements of Trade*, p.215

＊21 『雇用・利子および貨幣の一般理論』、九一―九四ページ

＊22 『雇用・利子および貨幣の一般理論』、九六ページ

＊23 伊東光晴は次のように述べている。「マクロ理論登場の意味は、人々がどのような経済行動をとろうとも、社会全体としての投資と貯蓄額はつねに等しく、所得額と投資額との間には一定の関係があることを示すことによって、新古典派のミクロ理論のような個人の行動についての仮定の上に立つ理論とちがって、経済理論の客観性を提示したのである。ケインズ革命の大きな意味はこの点

にあるといえる」（伊東光晴、『経済学を問う1　現代経済の理論』、五一ページ）

＊24　現在でも、例えば二〇〇七年にノーザンロック銀行がイングランド銀行から緊急融資を受けるという報道がなされると、取り付け騒ぎが発生した。

＊25　ジョン・メイナード・ケインズ、『ケインズ全集第二一巻　世界恐慌と英米における諸政策――1931～39年の諸活動――』、六一ページ

＊26　ジョン・メイナード・ケインズ、『説得論集』、四二五ページ

＊27　即自的な乗数理解については伊東光晴『ケインズ――〝新しい経済学〟の誕生――』を参照。

＊28　『ケインズ全集第二一巻　世界恐慌と英米における諸政策――1931～39年の諸活動――』、三二四ページ

＊29　『ケインズ全集第二一巻　世界恐慌と英米における諸政策――1931～39年の諸活動――』、三七七ページ

＊30　『ケインズ全集第二一巻　世界恐慌と英米における諸政策――1931～39年の諸活動――』、二〇〇ページ

＊31　また、一九三二年一〇月一七日『タイムズ』紙編集者宛て書簡では次のように述べている。「第一次大戦時においてできる限り消費財・サービスの購入のための支出を切り詰めることは民間人にとって愛国的な義務であった。……現時点においては、状況はまったく異なっている。……現状において民間の節約は公的利益にかなっておらず、われわれが使いたいと望むよりもより少ない金しか使わないことは愛国的ではない」（『ケインズ全集第二一巻　世界恐慌と英米における諸政策――1931～39年の諸活動――』、一五六－一五七ページ）

＊32　『ケインズ全集第二一巻　世界恐慌と英米における諸政策――1931～39年の諸活動――』、六二ページ

＊33　『雇用・利子および貨幣の一般理論』、一三三ページ

＊34　『雇用・利子および貨幣の一般理論』、一四七－一四八ページ

＊35　『雇用・利子および貨幣の一般理論』、一五六ページ

＊36　『雇用・利子および貨幣の一般理論』、一六八ページ

＊37　カーンは、予備的動機と投機的動機の二つの動機のあいだの区別はそれほど精緻なものでないと指摘している。「企業は――少なくとも一部分は――現金か短期証券を保有することによってその予想投資計画を援護しなければならない。これをケインズは金融と呼んだ。これは『予備的』〔な貨幣保有の動機〕である。問題は、なぜ企業は投資のための支払いを行わなければならない日に満期となる確定利付証券の束を保有し、そしてその間のいっそう高い利子率を手に入れるようにしないのか、という点にある。これは『投機的』〔な貨幣保有の動機〕である」（リチャード・カーン『ケインズ「一般理論」の形成』

二一五―二一六ページ)。「ケインズは、投機的動機を論じているとき、彼が主として、私的個人から大規模投資トラストや保険会社に至るまでの金融資本家による財産管理を念頭に置いて考えている、という印象を与えている。しかし、産業的企業もまた重要な役割を演じているのである。」(『ケインズ「一般理論」の形成』二一六ページ)

＊38 『雇用・利子および貨幣の一般理論』、二〇一ページ

＊39 『一般理論』でケインズは、貨幣保有の投機的動機の説明において、様々な金融商品を、利子を生まない資産の代表である「貨幣」と、利子を生む資産の代表である「債権(debt)」の二者択一で考えている。ケインズは、両者のあいだの線引きをどこにするかは、問題ごとに適切に判断すればよいとしている。例えば、一般購買力に対する請求権のうち、三か月以内に回収するものを貨幣、それ以上のものを債権(debt)という分類が一つの案である。これは三か月でなく、一か月でも三日でもよい。「実際上は貨幣の中に銀行の定期預金、ときには(例えば)大蔵省証券のような証券を含めることがしばしば便利である。通常、私は『貨幣論』の場合と同じように、貨幣は銀行預金までと想定することにする」(『雇用・利子および貨幣の一般理論』、一六五ページ)。

　では、ここでいう債権とは何であろうか。これを債券のことだとすると、世の中に金融商品は貨幣か債券しかないことになるが、実際には他にもいろいろな形の資産がある。カーンは「ケインズが現金と確定利付証券以外の他のどのような富の流動的形態をも予想していなかったことは、奇妙なことである」と述べている(『ケインズ「一般理論」の形成』二一八ページ)。

『貨幣論』で証券という場合に念頭に置かれていた株式は、『一般理論』の流動性選好説の文脈では登場しない。株式がケインズの流動性選好説における債権に含まれるか否かは判断の難しい問題である。『一般理論』のなかでは明言されておらず、イエスともノーとも断定する根拠はない。モグリッジは、『一般理論』における単純化の例として、「取引者が直面するすべての選択対象は貨幣と長期債券に限られた」結果、「他のすべての証券は貨幣とみなされるか、あるいは株式の場合には資本資産そのものの代用品とみなされた」(ドナルド・エドワード・モグリッジ、『ケインズ』、一二〇―一二一ページ)と述べている。

　この点については、『一般理論』出版直後から論争の対象となった。例えばホートレーは流動性選好説の重要性に懐疑的であった。ホートレーによると、投機的動機のための現金に分類されるうえで重要なことは、流動性ではなく、キャピタル・ロスのリスクがないということ

である。ケインズの流動性選好説が長期利子率にどれくらいあてはまるにせよ、それは短期利子率についての説明にはならない。なぜなら、投機的動機に向けられた流動性選好は、短期投資と現金とを区別しないからである(Hawtrey, R.G., *Capital and Employment*, pp.198-199)。

＊40 ヴァイナーは、アメリカ合衆国における実情に照らすと、貨幣保有動機のうち、実際に重要なのは取引動機であって、ケインズが平時の保蔵、すなわち投機的動機に基づく貨幣需要を過度に重視しすぎていると述べている(Viner, J., "Mr. Keynes on the Causes of Unemployment")。

＊41 ジョン・メイナード・ケインズ、『貨幣論Ⅰ 貨幣の純粋理論』、一四四－一四六ページ

＊42 『雇用・利子および貨幣の一般理論』、一七一－一七二ページ

＊43 「ケインズは『貨幣論』において流動性選好理論の初期形態を提示した。そのときケインズが心に描いていた証券は株式であった」(『ケインズ「一般理論」の形成』、二一八ページ)。『貨幣論』においても『一般理論』においても、確定利付証券と区別されるものとしての株式については、限られた範囲で取り扱われており、しかも株式の動きが実質投資に及ぼす影響の重要性に関しては論断することを躊躇してもいる。ケインズは、株式の動きが消費に及ぼす影響についてはより大きな重要性を認めている」(『ケインズ「一般理論」の形成』二三一ページ)。

＊44 『雇用・利子および貨幣の一般理論』、二二三－二二四ページ

＊45 『雇用・利子および貨幣の一般理論』、二二四ページ

＊46 『雇用・利子および貨幣の一般理論』、二二四－二二五ページ

＊47 D・ディラード、『J・M・ケインズの経済学』、一七ページ

＊48 ケインズの基本的な考え方は、将来のことは不確実であり、わからない、というものであったが、珍しく未来を語っているエッセーがある。「我が孫たちの経済的可能性」と題する有名な講演で、一九二八年に発表された講話が一九三〇年にまとめられ、活字になったものである。

ここでケインズは大胆な予言を行っている。「重要な戦争と顕著な人口の増加がないものと仮定すれば、経済問題は、一〇〇年以内に解決されるか、あるいは少なくとも解決のめどがつくであろう」と(『説得論集』、三九三ページ)。そして一〇〇年後の世界はおそらく現在(一九三〇年)に比べて経済的な意味で八倍程度の豊かさを享受しているであろう、と具体的数字に踏み込んだ予言を行った。これは年間の経済成長率を二パーセントと仮定した場合にはじき出される数字である。

経済問題が「人類の恒久的な問題ではない」というケインズの予言をどう評価するかはなかなか難しい。結論の部分だけをみれば、現在においても経済問題は全く解決していないし、解決のめども立ってはいないが、重要な戦争と顕著な人口の増加がなければ、という仮定も満たされていないからである。

Pecchi & Piga (2008)は、現代の第一線で活躍する様々な経済学者がケインズのこのエッセーを題材に、それぞれの問題関心から議論した書籍である。そのなかで、リー・E・オハニアンは、現代の経済成長論の視点からケインズのエッセーを評価している。ケインズの生きた時代にはまだ本格的な経済成長論は存在しておらず、将来を予測することは現在の経済学者に比べてはるかに困難であったにもかかわらず、ケインズの予言はある面では驚くほど正確であったという。その理由として、ケインズが現代の経済成長論の重要な構成要素である技術進歩、資本蓄積、人口成長に適切に目配りできていた点が指摘されている。

*49 『雇用・利子および貨幣の一般理論』、一六一ページ
*50 ナシム・ニコラス・タレブ、『ブラック・スワン［上］』、八八ページ
*51 *JMK XIV The General Theory and After. Part II: Defence and Development*, pp.306-318
*52 カーメン・M・ラインハート、ケネス・S・ロゴフ、『国家は破綻する　金融危機の８００年』、四八－五一ページ
*53 『ブラック・スワン［上］』、五二ページ
*54 アルフレッド・マーシャル、『経済学原理（一）』、四三ページ
*55 アルフレッド・マーシャル、『経済学原理（四）』、二七ページ
*56 『雇用・利子および貨幣の一般理論』、一五九ページ
*57 『説得論集』、三四九ページ
*58 『雇用・利子および貨幣の一般理論』、一六〇－一六一ページ
*59 Laidler, D. , *Fabricating the Keynesian Revolution: Studies of the Inter-war Literature on Money, the Cycle, and Unemployment*, p.225
*60 *Fabricating the Keynesian Revolution: Studies of the Inter-war Literature on Money, the Cycle, and Unemployment*, p.225
*61 『説得論集』、四二五ページ
*62 『説得論集』、四二七ページ
*63 『説得論集』、四二九ページ
*64 『雇用・利子および貨幣の一般理論』、二〇四ページ
*65 『雇用・利子および貨幣の一般理論』、一七一ページ

第2章

ケインズ経済学の栄枯盛衰

ケインズの没後（1946年）、特にアメリカにおいて
ケインズ経済学は本格的に受容され、新しい時代のスタンダードとなった。
しかしその後、「ケインズ政策」とされる裁量的総需要管理政策が
行き詰まりをみせると、次第に支持を失っていく。
本章では、ケインズ経済学における貨幣や期待の役割について
改めて考えることで、現代のマクロ経済学のあり方について議論する。

1 ケインズ主義とマネタリズム

戦後の経済学　ケインズ主義の躍進

ケインズの『一般理論』は、その難解さゆえに出版直後は必ずしも十分に理解されず、また数多くの論争を呼び起こした。

ケインズ経済学が本格的に受容され、新しい時代のスタンダードとして地位を確立したのは、主に第二次世界大戦後のことといってよいであろう。『一般理論』の解説書や、ケインズ経済学のエッセンスを伝えるシンプルなモデルが登場してきたことも、その普及を後押しした。アメリカでは、ポール・サムエルソンやアルヴィン・ハンセンらの手によって、45度線モデルを核としたケインズ解釈が広められていった。

政策レベルでケインジアンの主張が影響を持ち始めるのは一九六〇年代に入ってからである。なお、よく誤解されるが、ニューディールに対するケインズ、あるいはケインズ経済学の影響はほとんどない。確かにケインズは、ルーズベルト大統領に様々な勧告を行ったが、それが採用されることはほとんどなかった。全国産業復興法についても、ケインズは全面否定している。[*1] また、ケインズの生前、イギリスにおいて「ケインズ政策」が採用された事実もない。

一九六一年、アメリカ大統領にJ・F・ケネディが就任し、経済諮問委員会にアメリカのケインジアンたちが参加した頃から、政策レベルで影響力を発揮するようになったのである。当時のアメリカの指導的な経済学者であったサムエルソンは、「新古典派総合」という立場を提唱した。これは、伝統的な新古典派経済学と、新しいケインズ経済学を総合しようという考え方である。すなわち、ケインズ経済学によれば、市場経済を自由放任に委ねた場合、市場は、ときに大量の非自発的失業を伴った状態で均衡してしまうことがある。それに対して手をこまねいているのではなく、裁量的な総需要管理政策をとることによって、失業対策を講じる。しかし、ひとたび完全雇用が達成されたあかつきには、そこから先は市場の効率的な資源配分機能に任せよう、と。平常時は伝統的な新古典派経済学、不況期にはケインズ経済学、と新旧二つの経済学を使い分けるという折衷案である。

こうした新古典派総合の主張を展開するにあたって、フィリップス曲線というツールが脚光を浴びた［図1参照］。これはオーストラリアの経済学者A・W・フィリップスが一九五八年に発表した、イギリスにおける失業率と貨幣賃金上昇率との負の相関関係を曲線にしたものである。

新古典派総合は、これを大々的に活用した。対内的なマクロ経済政策において、当局が追求すべき目標は三つある。経

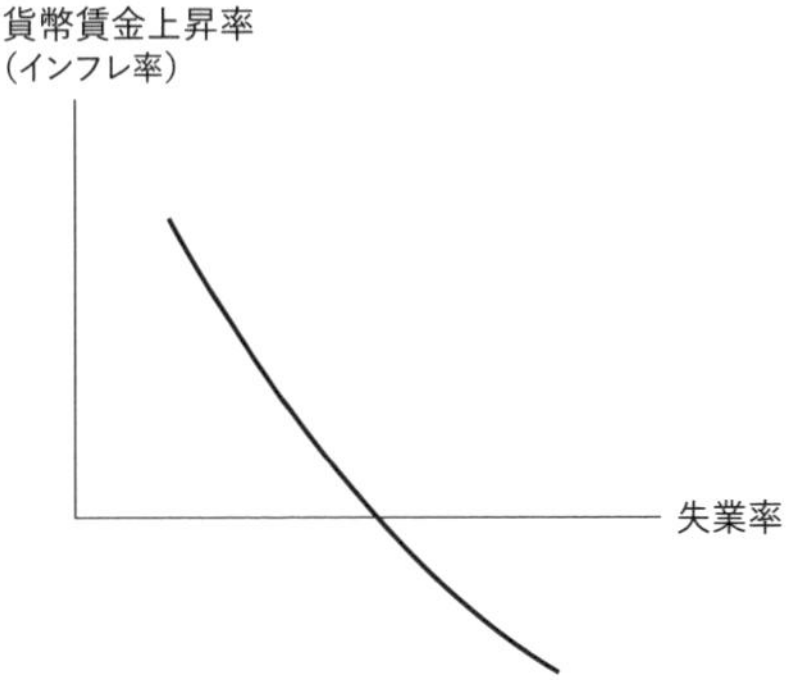

図1 フィリップス曲線

済成長、物価の安定、雇用の確保である。そのうち、失業率とインフレ率とのあいだにトレードオフの関係があることが、フィリップス曲線によって明示される。縦軸に貨幣賃金上昇率（インフレ率）、横軸に失業率をとることで描かれる右下がりの曲線である。理論上は、原点に近くなればなるほど、つまり失業率もインフレ率もゼロに近くなるほど望ましい（なお、現在ではインフレ率はゼロよりも、むしろ二パーセント程度の方が望ましいと考える経済学者も多い）が、現実にはそれは不可能である。そこで、両者を社会的に容認される範囲内に収めるよう、裁量的な政策を積極的に活用する、というのが新古典派総合の考え方である。

政府による経済への積極的な介入こそケインジアンの特徴であるという考えが根強いが、ケインズ政策の範囲については様々な議論がある。「古典派」が、すべての病気は安静にしていれば身体の自然の治癒力によっていずれは治る、と主張するのに対し、ケインズ経済学は、しかるべき治療を施さなければ治らない病気もある、と考える。問題は、ケインズにとって、治療の必要な病とはどの程度の症状のことなのか、その解釈には幅がある、ということである。

深刻な不況については積極的な総需要創出政策が必要であるという点では、ケインジアンのあいだで議論の余地はない。それに対して、いつでも政府が能動的に総需要を管理することをケインズ政策と呼ぶべきかどうかは意見が分かれる。確かに、ケインズは不完全雇用均衡の可能性を理論的に明らかにした。ここから、完全雇用でない場合には政府は完全雇用を実現すべく積極的に政策介入すべきだというニュアンスをくみ取る論者もいれば、『一般理論』第二四章で——いわば新古典派総合を先取りするかのように——深刻な不況期には総需要管理政策をとるが、経済状態が正常に戻ったあかつきには自由な市場の働きに任せるのがよい、と述べている部分を重視して、積極財政はあくまで不況期限定、とする解釈もできるのである。

ケインズは一九三七年一月、イギリスの失業率がいまだに一一〜一二%もある状況においてさえ、総需要刺激策を否定していた。[*2] 晩年、ケインズは、自分は「ただ一人の非ケインジアン」であると語ったという。

バックハウス&ベイトマンは、ケインズが戦後のいわゆる「ケインズ的」需要管理を支持していなかったこと、ケインズは予算を利用して消費に影響を与えることに懐疑的であったこと、そして、ケインズは経常支出を賄うための借り入れというかたちをとる場合には財政赤字を支持しなかったことを指摘している。[*3]

なお、ケインジアンも一枚岩ではなく、イギリスでは、アメリカで普及していた教科書的なケインズ解釈に批判的な人々がいた。彼らは総称してポスト・ケインズ派と呼ばれる。さらにポスト・ケインズ派のなかにも様々な支流があるが、その多くは財政政策一辺倒の45度線モデルや、IS－LMモデルに批判的で、期待や不確実性を重視する人が多い。

フリードマンの台頭

アメリカのケインジアンが影響力を失う契機となったのは、ベトナム戦争であった。戦争による総需要の急拡大は激しいインフレを招くおそれがあるとして、ケインジアンはジョンソン大統領に対して増税を勧告したが、大統領はこれを拒否した。その頃から、アメリカ経済はインフレーションに悩まされるようになった。

ケインジアンの総需要管理政策には、失業とインフレとのあいだにはトレードオフの関係があるという前提があったが、アメリカ経済はスタグフレーションと呼ばれる、高失業下でのインフレという病に悩まされるようになる。フィリップス曲線が示唆するトレードオフ関係が崩れたことにより、ケインジアンの権威は失墜していく。ニクソンが「我々は今や皆ケインジアンである」と語ったときには、もはやケインジアンの凋落は時間の問題であった。

フリードマンは、一九六七年のアメリカ経済学会会長講演において、失業とインフレとのトレードオフ関係は、労働者が錯覚を起こす短期においてしか成立せず、インフレ期待が修正される長期においては、フィリップス曲線は垂直になることを指摘した。これはすなわち、総需要管理政策は長期的には無意味となるという主張である。*4

フリードマンの主張は必ずしも当初から支持を集めたわけではなかったが、一九七〇年代になってスタグフレーションの問題が出現すると、影響力を増していった。

ケインジアンは、フィリップス曲線が不安定になってしまった理由に対して明確な解答を用意できなかったが、フリードマンは、フィリップス曲線というケインジアンの土俵に乗ったうえで、インフレ期待の修正というロジックによってこれを説明した。そして財政政策は短期的にしか効果がないため重要ではないとし、ルールに基づいた適切な金融政策を主張した。この立場をマネタリズムと呼ぶが、一九七〇年代末に、イギリスではサッチャーが、アメリカではＦＲＢ議長ポール・ボルカーが、マネタリズムに基づいた政策の採用を表明した。

当時、アメリカ経済は厳しいインフレーションに悩まされていた。ボルカーは、金融の引締めによって二桁のインフレとの戦いに勝利したが、その代償として深刻な失業問題を引き起こすことになった。やがて金融を緩和すると、景気は急速に回復した。マネタリズムでは、貨幣の流通速度は一定ないし安定的に推移すると仮定していたが、一九七九年以降、貨幣の流通速度が急速に下落している証拠がみつかった。*5 そして八〇年代以降、貨幣供給量を増加させてもインフレは加速しなかったのである。

こうしてマネタリズムの権威も失墜することになったが、しかしそれでケインジアンが復権することはなかった。その理由として、ベイトマンは二点挙げている。第一に、アメリカのケインジアンは、財政政策が最も重要で効果的なマクロ経済管理の道具であるということを頑として譲らなかったが、それはもはやもっともらしく思われず、たとえマネタリズムが役に立たなかったとしても、インフレーションが重要な問題であるというフリードマンの主張は受け入れられた。第二に、学界と中央銀行の研究部門の両方で、アカデミックな経済学者によって利用される理論的枠組みに根本的な変革が起こったことである。合理的期待という仮定が受け入れられたことで、政策の発表に主体がどのように反応するかにマクロ経済政策の論争の焦点が移行した。*6

2　貨幣は重要か？

貨幣数量説

ここで、フリードマンが復活させたとされる貨幣数量説と呼ばれる考え方について、説明しておく。

貨幣数量説とは、古い時代（その起源を確定することは困難であるが、遅くとも近世）から存在する考え方で、貨幣数量（供給量）によって物価水準を説明する理論である。一九世紀末から二〇世紀にかけて、マーシャルやフィッシャーによって、交換方程式というかたちで数学的表現を与えられた（厳密には、ケンブリッジ方程式を定式化したのはマーシャルの弟子のピグーであるが、マーシャルの一八七一年の未公刊草稿においてその原型がみられる）。Mを貨幣数量、Vを貨幣の流通速度（一定期間に貨幣が何度持ち手を変えるかを表す）、Pを物価水準、Tを取引量とする場合に、$MV = PT$で表される関係である。この理論の最もシンプルな形態である機械的数量説は、貨幣数量と物価との直接的な比例関係を説く。これは裏を返せば、貨幣数量の変化はただ物価のみに影響し、産出量のような実体経済へは一切影響を及ぼさないことを意味する。もう少しマイルドな形態として、デイヴィッド・ヒュームが主張したように、貨幣数量と物価との長期的な比例関係を説き、少なくとも短期的には貨幣数量の変化が産出量のような実体経済へ影響を及ぼし得るとする「連続的影響説」と呼ばれる立場もある。

一口に貨幣数量説といっても、様々なバリエーションが存在するが、基本的には「貨幣数量」によって物価を説明する理論が貨幣数量説である。貨幣数量説の定義に貨幣需要の変化を含めると、これはもはや理論ではなくなってしまう。交換方程式の四つの変数のうち、物価Pが変化するためには少なくとも他の三つの変数の一つが変化する必要があるというのは、決して間違いではないが、何一つ意味のある情報を含んでいないトートロジーにすぎない。大筋において、貨幣数量と物価との比例関係を説く理論こそ、貨幣数量説に外ならない。このことを改めて強調しておきたい。

一八世紀には、重商主義批判の文脈で、貨幣は経済において本質的な存在ではないという主張の根拠として、貨幣数量説（機械的数量説）が用いられた。いわく、貨幣の増減は単にインフレやデフレをもたらすだけで、実体経済には影響を及ぼさないため、貨幣を富と同一視するのはおかしい、と。貨幣と実物とは独立の現象であり、貨幣は実体経済に対して中立であるとする「古典派の二分法」の考え方も、同様である。

フリードマンによって貨幣数量説は現代によみがえったが、その含意は大きく変容している。フリードマンは、貨幣が重要であるという主張の根拠として貨幣数量説を用いた。いわく、貨幣はインフレやデフレをもたらすがゆえに重要である、と。

つまり、貨幣数量と物価との比例関係を想定する点では古典派、フリードマンともに同じであるが、その評価は正反対である。

重商主義批判を行った古典派の立場に立てば、インフレやデフレは単に名目上のことであり、大した問題ではない、ということになる。つまり本来の貨幣数量説の立場に立つならば、インフレになろうがデフレになろうが、理論上は、実体経済には何の影響もない（ただし、ヒュームのように、過渡期においては貨幣数量の変化が実体経済に影響を及ぼす可能性を認める立場も昔から根強く存在するが、これはいわば本来の貨幣数量説のロジックからの逸脱である）。現在、この機械的数量説のような考え方をとる経済学者はほとんどいないだろう。

対して、フリードマンは、インフレやデフレが経済において非常に重要であると考える。貨幣を重視する人間が貨幣数量説を信奉するのは、その歴史に照らして考えると、きわめて奇妙なことである。フリードマンの貨幣数量説は、本来の貨幣数量説とインプリケーションが大いに異なるが、このことはあまり指摘されないように思われる。

ではケインズはどうかというと、ケインズは、貨幣は経済において本質的な役割を果たすと考えていた。その点では、フリードマンと同じサイドに立つ。ただし、ケインズは貨幣数量説に批判的であった。当然のことである。歴史的文脈に照らせば、貨幣数量説を重視してきた人々は、貨幣が重要でないと考える人々であったし、貨幣数量説に批判的な人々は、貨幣の実体経済への影響を重視する人々であった。例えばケインズの先輩にあたり、大蔵省エコノミストのホートレーは、ケインズと同様、貨幣・信用が実体経済に本質的な役割を果たすと考え、ケインズ以上に金融政策の有効性に絶対的な信頼を置いていたが、貨幣数量説については一蹴している。その点、フリードマンはきわめて異色な存在といえる。*7

マネタリストの反革命再考

貨幣をめぐるケインズとマネタリストの議論には、大きなねじれがあり、わかりにくくなっている。貨幣的要因が経済において重要な役割を果たすと認識している点では、ケインズもフリードマンも同じであるが、ただしその理解が全く異なる。

ケインズは、自分が批判の対象とした古典派経済学のことを、貨幣を軽視していると考えていた。フリードマンも、自分が批判の対象としたケインズ経済学のことを、貨幣を軽視していると考えていた。このねじれた関係を、どう理解すればよいだろうか。

確かに、フリードマンは、物価の変動要因として貨幣供給を重視する点で、貨幣数量説の立場に立っている。しかし他方、物価の変動が実体経済に本質的な影響を及ぼすため貨幣は重要である、とするフリードマンの立場は、本来の貨幣数量説とは対極にある。この立場をフリードマンが貨幣数量説と呼んだことから、貨幣数量説の理解をめぐって大きな混乱が生じているように思われる。

Money does not matter（貨幣は重要ではない）というフレーズは、貨幣数量説とほぼ同義語である。貨幣数量説によると、相対価格は完全に実物的要因で決まるのであって、貨幣は物価水準を決めるだけの役割しか果たさない。古典派の二分法や、貨幣ヴェール観、貨幣の中立性命題（これらはどれも同じものである）といった考え方を象徴している言葉である。

それに対して、ケインズの場合、雇用量や産出量は、突き詰めれば金融市場に原因があると考えるので、その逆である。

マネタリストの側からすれば、ケインジアンは貨幣が重要といっておきながら、拡張的金融政策を否定しているではないか、ということになるだろう。つまり、貨幣が中立的でないと主張することは、イコール、金融政策が有効である、という図式で考えると、これは、金融政策を否定するなら貨幣の役割を軽視しているだろう、という主張につながる。

しかしケインズは金融政策の効果を否定していないし、金融政策が特定の不況局面で有効でない場合があり得る、と主張したのは、貨幣が中立的と考えたからではない。不況期の拡張的金融政策の有効性に対し、ときに懐疑的な目を向ける、ということと、貨幣数量説を否定する、ということは矛盾しないのである。

フリードマンは、ケインジアンのフィリップス曲線を批判する自然失業率仮説において、総需要拡張政策が一時的に効果をもつのは、人々がインフレ期待に関して錯覚を起こすからだと主張した。しかし長期的には錯覚に気付き、期待を修正することによって拡張的な財政政策の効果は消失する。つまり、ケインジアンの総需要管理政策は、短期的には有効であるが、長期的には無効であるというのがフリードマンの立場である。

現在、インフレ・ターゲットを主張するリフレ派の経済学者がフリードマンを高く評価するのは、このインフレ期待という要素を評価している面が大きい。*8

インフレ・ターゲットの是非をめぐっては経済学者のあいだでも評価が分かれる――とりわけ、期待に働きかける政策というのが、どのような経路によるものなのか、はっきりしない、よくわからないという批判は根強い——が、人々の期待に働きかけることによって二パーセント前後のインフレを目指す、という立場は、本来の貨幣数量説とは明確に異なる。もちろん、貨幣数量説には様々な変種があるが、原則的には貨幣数量説とは、あくまでも貨幣供給量と物価水準との直接的比例関係を説く学説だからである。人々のインフレ期待に働きかけるということは、貨幣需要に関わる問題である。さらに、ポートフォリオ・リバランスのような経路を重視する議論も、貨幣供給というよりは貨幣需要に関わるものである。

もし貨幣数量説が正しいのであれば、貨幣供給量——これをどう定義するかは別途、問題になる（マネーストックとマネタリーベースは別物である）——を二倍に増やせば、長期的には物価は二倍になる。*9

一方、伝統的なケインジアン・モデル、とりわけＩＳ－ＬＭモデルには、貨幣的要因を軽視していると批判されても仕方ない面がある。ＩＳ－ＬＭ分析において、金融市場を対象とする議論がＬＭ分析である。この市場は貨幣の需要（流動性選好）と貨幣の供給が一致することで均衡するが、ＬＭモデルにおける金融政策とは貨幣供給量の操作である。近年では、貨幣供給量ではなく利子率と結び付けるテイラー・ルールのような考え方が導入されているが、伝統的な金融政策は、貨幣供給量ではなく利子率をターゲットとしていた。貨幣供給量の定義は万国共通ではないし、マネーストックは中央銀行が直接コントロール可能なものではないからである。『一般理論』における貨幣供給の扱いは、議論を単純化するための便宜的な措置という側面が強く、前著『貨幣論』に比べて退化している部分がある。

こうした幾層にもわたるねじれた関係が存在しているため、果たして、貨幣を重視しているのは誰なのか、非常にわかりにくい状況が生まれている。経済学史研究の存在意義の一つは、そうした混乱を解きほぐすことにあるように思う。

3 ルーカス批判

経済学のミクロ的基礎

現代のマクロ経済学の方法論が大きく変容する契機となったのが、「ルーカス批判」と呼ばれるルーカスの一九七六年の論文である。

政府の政策が変更されると、人々や企業も、それを反映して行動を変える。したがって、ある政策がどのような効果をもつかを考えるにあたっては、それによって人々がどのような反応を示すかを考慮しなければならない。政策変更がなされても人々が従前通りのまま行動を変えないという仮定に立つ伝統的なケインジアン・モデルでは都合が悪い、というのが論点である。

伝統的なケインジアン・モデルに対する批判は、それがミクロ的基礎を欠いているというものであった。より正確にいうならば、ケインズ経済学にミクロ的基礎がないわけではないが、現在の主流派が満足するような流儀での基礎付けとは異なっていた。現代の経済学では、最適化行動を行う

郵 便 は が き

お手数ですが
切手をお貼り
ください。

102-0072
東京都千代田区飯田橋3-2-5
㈱ 現 代 書 館
「読者通信」係行

ご購入ありがとうございました。この「読者通信」は
今後の刊行計画の参考とさせていただきたく存じます。

お買い上げいただいた書籍のタイトル
ご購入書店名 　　　　**書店**　　　**都道府県**　　　**市区町村**
お名前《ふりがな》
〒 **ご住所**
TEL
Eメールアドレス
ご購読の新聞・雑誌等　　　　**特になし**

上記をすべてご記入いただいた読者の方に、毎月抽選で
5名の方に図書券500円分をプレゼントいたします。

本書のご感想及び、今後お読みになりたい企画がありましたらお書きください。

本書をお買い上げになった動機（複数回答可）

1. 新聞・雑誌広告（　　　　　　　）2. 書評（　　　　　　　）
3. 人に勧められて　4. SNS　5. 小社HP　6. 小社DM
7. 実物を書店で見て　8. テーマに興味　9. 著者に興味
10. タイトルに興味　11. 資料として
12. その他

ご記入いただいたご感想は「読者のご意見」として匿名でご紹介させていただく場合がございます。

※新規注文書↓（本を新たにご注文される場合のみご記入ください。）

書名　　　　　　　　冊	書名　　　　　　　　冊
書名　　　　　　　　冊	書名　　　　　　　　冊

ご指定書店名

書店　都道府県　市区町村

ご協力ありがとうございました。
なお、ご記入いただいたデータは小社での出版及びご案内やプレゼントをお送りする以外には絶対に使用いたしません。

合理的で同質的な個人を想定し、その個人の合理的選択から演繹されるモデルを用いるが、これはケインズが決して容認しなかった方法論である。しかし前者の立場を前提とするならば、ケインズ経済学はミクロ的基礎のない欠陥品と映るであろう。

そのなかで最も重要なものは消費関数である。乗数理論の屋台骨ともいえる伝統的なケインズ型消費関数は、現在の消費がもっぱら現在の所得のみに依存すると仮定されている。この点については、『一般理論』刊行直後にも、D・H・ロバートソンによって批判された。人々の現在の消費行動は、現在以外の所得、ひいてはその資産（ストック）や将来の見通しにも影響を受けると考える方が自然である。ケインズ型消費関数に対する批判は、後世の経済学者からも様々なかたちで繰り広げられた。[*10]

素朴なケインズ型消費関数は、確かにケインジアン・モデルにおけるアキレス腱となった。実際には、人間の消費活動は現在の所得のみに依存するものではなく、将来の所得の予想や資産価格の変化によっても影響を受ける。資産価格の上昇は消費を刺激することが知られている。一九八〇年代のバブル経済時の日本人の凄まじい消費行動は、株価や不動産価格の値上がりという資産効果を抜きには説明がつかない。また、バブル崩壊後、経済は大きく低迷したが、これもGDPのようなフローの指標だけでは説明がつかず、株価や不動産価格下落による逆資産効果を考慮しなければならない。

ケインズはストックの重要性に注目したが、ストックへの目配りは消費関数ではなく、流動性選好説においてなされている。消費関数をストックと結び付けなかったのは、煩雑化を避けるための措置であったかもしれないが、批判も多い。

合理的期待形成仮説は非ケインズ的か？

合理的期待形成仮説は、擁護側と批判側で受け止め方が大きく異なる仮説の一つである。

批判者側からは、これは全く現実を無視した机上の空論と受け止められてきた。いわく、この合理的期待形成仮説のもとでは、すべての人々は完全な知識をもっており、瞬時に合理的な判断を下し、決して錯覚に陥らない。したがって、この仮説からは、一切の経済政策は効果をもたず、市場は自由に放任されるのがベストである、という結論が出てくる。しかし、人間は全知全能ではないし、感情に流されることもあれば、過ちを犯すこともあるのであって、合理的期待形成仮説のような非現実的な前提に立脚した理論は受け入れられない、というのが批判者側の言い分である。そもそも、何もしないのがベストというのが正しいならば、経済政策に関してこれ以上経済学を研究する意味は皆無ということにもなりかねない。

これに対して、擁護側は眉をひそめる。否、我々はそのような過激なことを主張しているのではない、と。全知全能の経済主体を想定しているわけではなく、せいぜい、人は手もちの情報を最大限活用してベストを尽くす、と言っているだけだ。そして大事なことは、状況が変われば期待を変える、という点である、と。

間違いに気付いたら、あるいは状況が変われば、期待を修正する。ある意味では、しごく当たり前のことを言っているにすぎない。あまりにも当たり前すぎて、これまで誰も口に出して言わなかったことを、あえて正確に表現しようとした、という方があたっているかもしれない。では、なぜこれが問題になるかというと、代表的なケインジアン・モデルであるＩＳ－ＬＭモデルの前提に鍵がある。

周知のように、ＩＳ－ＬＭモデルは財市場と貨幣市場で所得と利子率が同時決定される静学モデルであり、貨幣供給は外生的で、物価は一定であるという前提を置いている。すると、ミクロ的な基礎を考える場合、そこで諸個人はゼロ・パーセントのインフレ期待を保持し続けることになる。たとえ外部環境が変わっても、個人の行動は影響を受けない。マクロ経済政策に変更があっても、人々のインフレ期待は変わらない。これは非現実的な想定なのではないか、というのが合理的期待形成仮説によるケインジアン批判である。ケインズ批判としてはともかく、ＩＳ－ＬＭ批判としては確かにあたっている面がある。

では「期待」の要素を重視したことが、合理的期待形成仮説の革新といってよいだろうか。確かに、ＩＳ－ＬＭモデルには期待の要素は入っておらず、この点はそもそも昔から一部のケインズ派の経済学者が批判してきたことでもあった。

もともと本来のケインズ経済学では期待が非常に大きな役割を果たしていた。それどころか、期待は、ケインズ以前のケンブリッジのマクロ経済学的思考のなかでつねに強調されていた要素である。つまり将来に対する期待が現在の行動を決定する、という思考様式は典型的にケインズ的なもの、といって悪ければケンブリッジ的なものであって、期待を考慮していないという理由でケインズ経済学を批判されては、ケインズも浮かばれないだろう。ただし、『一般理論』における期待は、資本の限界効率や流動性選好説のなかに組み込まれており、ＩＳ－ＬＭのようなモデル化の過程では抜け落ちてしまっている。また、ケインズ理論は静学モデルであるため、期待の修正という要素は入っていないが、それは欠点というよりは、静学か動学かという問題である。

期待の修正という観点から、ケインズの投資戦略に関する引用文を掲載しておく。

自分の保有銘柄に対して頑固な態度をとり、ただ事実と環境が変化したという理由では自分の意見を変えることを拒む消極的な投資家は、長期的には大きな損失を被る投資家である。[*11]

状況が変われば考えを改めるというのは、きわめてケインズ的な特徴である。

一部のケインズ派に言わせるならば、右のような問題は、ケインズ経済学をモデル化するにあたって、期待の要素を切り捨ててきたＩＳ－ＬＭなどの罪ということになるだろう。経済学において期待が重要である、ということはおそらく誰も否定しないが、理論として、これまで期待の要素をマクロ経済モデルのなかに組み込む、といった試みがおろそかにされてきたため、本来、ある面においてケインズへの回帰であるはずの作業が、あたかもケインズ否定であるかのような文脈でなされることになったというのは実に皮肉なことである。

期待の修正といった措置は、期待の要素を理論に組み込むという意味においては、ケインズを否定するというよりは、むしろそれを発展させる側面がある一方、その結果として経済政策の有効性をめぐって全く異なる結論が出てくるのは運命の皮肉という他ない。

『一般理論』の静学的性質を最初に攻撃したのは、かつてケインズの右腕であったロバートソンであった。ロバートソンは、『貨幣論』から『一般理論』への移行を、ある面では動学から静学への退化とみていた。それは静学的な消費関数への批判にもみられる。

IS－LMモデルでは他にも、貨幣供給が外生的、物価水準一定、といった仮定が置かれていたり、労働市場を対象外としたりといった単純化を施しているのは周知の通りである。そして、IS－LMはケインズか否か、また、これをどう評価するかについても、おびただしい議論が重ねられてきた。

ただ、もともとケインズの狙いは、全く隙のない精緻なモデルを築き上げよう、というところにあったわけではなく、いわゆる古典派のロジックを否定して新しい理論を打ち立てよう、というところにあった。そのため、既存の考え方との違いが際立つ部分を浮き彫りにして、それ以外の部分については、自分の新しい主張を受け入れられやすくするためという戦略的な意図から、あえて妥協した部分、単純化した部分もあると考えられる。*12 またケインズの重視した不確実性は、容易にモデル化できない性質を備えている。

モデル分析についていえば、いつまでもケインズが『一般理論』で置いた想定そのままに固執する、というのは建設的でないだろう。実際には、過去三〇年・四〇年の経済学で、旧来のケインズ経済学の弱点を指摘するような業績が出てきた。それらのなかには傾聴すべき有益なものも含まれている。

例えば、予測された経済政策は効果をもたない、というような指摘をモデル化したことには意義がある。また、これらの議論は、政策におけるコミットメントの重要性に光をあてることになった。現代においては、株価や為替は外的な材料に反応して動くことが多い。株価についていえば、例えば企業の決算発表を受けて、大きく変化しやすい。業績の良かった企業の株価が上がるというよりは、市場予想に比して良かった企業の株価が上がる傾向にある。逆に、決算が良くても「材料出尽くし」といった理由で下がることもあるし、巨額の赤字を発表しても、織り込まれていた場合には「悪材料出尽くし」という理由で上がることもある。

金融政策に関しては、FOMC議事録の公表、日銀の金融政策決定会合などを受けて、市場は大きく反応する。ここでも、事前の市場予想と比べてどうであったか、という方が重要になっている。Aという政策がとられるであろうことを市場が予想しているときに、実際その通りのことが行われても、市場はそれを既に予想に織り込んでいるため、あまりインパクトはない。予想されていた政策がとられなかったり、予期されない政策がとられたりすると、大きなインパクトがある。しかし他方で、騙し打ちのようなやり方をしてしまうと、その後コミットメントが信頼されなくなるというデメリットもある。

合理的期待形成仮説は、全知全能の経済主体を仮定して一切の経済政策が無効という命題として捉えてしまうと非現実的な極論となるが、このような人々の心理面を考えると、現実的な一面も備えている。こうした期待を重視する議論は、現在ではあたかもアンチ・ケインズの特徴であるかのように理解されているが、私はそうは思わない。そもそも、資本の限界効率や、流動性選好における投機的動機は、当事者の主観においては「合理的」な期待がベースになっている。全知全能ではなく、ただ手持ちの情報を十分に駆使して、その時点でベストの予測を試みるという意味では、ケインズの議論とて何ら変わりはない。期待の修正云々は時間軸のとり方の問題にすぎない。

なお現在では、FRBやECB、日銀がどのような政策をとるか、その関係者の発言にマーケットは神経をとがらせている。本来、金融政策とは実体経済の動きを円滑にするための補助手段であったはずが、今日では、アルゴリズムによる超高速取引がボラティリティの大きさを増幅していることと相俟って、市場は、実体経済を差し置いて、世界の金融政策スタンスの変更を予測する投機の舞台となっている観がある。これはケインズが強く懸念した状況であった。これらの問題については第4章以降で改めて議論する。

ニュー・ケインジアンとケインズ

第1章で、失業に関するモデルを考えたが、ニュー・ケインジアンの議論を「古典派モデル」に分類した。ニュー・ケインジアンは、メニュー・コストや独占的競争を鍵として、価格硬直性を説明する。そして失業問題において、賃金の硬直性という要因がニュー・ケインジアンにとっては本質的であるが、ケインズにとっては些末な問題であるという違いがある。

ニュー・ケインジアンは、合理的期待形成仮説を取り入れ、ルーカス批判に耐えられる理論武装をしたケインジアンである。現在、各国の中央銀行はニュー・ケインジアン型のDSGEモデル（動学的確率的一般均衡モデル）に基づいて経済予測を行っている。ただし、ニュー・ケインジアンは、ケインジアンを標榜しつつも、ケインズ的消費関数を否定し、流動性選好説の代わりにテイラー・ルールを採用するなど、ケインズ経済学のエッセンスの多くを切り捨てている。ケインジアンとしてのアイデンティティは、非自発的失業の存在を認め、政策提言において積極的な財政政策、金融政策を支持する、といった具合に、主に政策面に残されているのみで、経済理論、方法論の面ではケインズとの共通点は少ない。

無論、ケインズと違うから間違っているとか劣っているということにはならないが、ケインジアンたるアイデンティティを積極的な財政政策・金融政策に求めてしまうと、あるいはケインズの経済学上の貢献を、理論ではなくこうした政策に求めてしまうと、ケインズがまことに凡庸な人物にみえてしまうだろう。不況期における積極的な財政政策、金融政策を主張したのは何もケインズに限ったことではない（それはむしろ当時の主流派の主張である）し、政策に関する限り、ケインズと他の同時代の経済学者のあいだにそこまで際立った差異は存在しなかったからである。

なお、ニュー・ケインジアンの重視する、価格調整が先か数量調整が先か、という問題について、以前にも述べたが、再述しておきたい。現在の教科書的な理解では、価格が伸縮的で、価格調整がスムーズに行われると考えるのが古典派、それに対し、価格が硬直的で、価格調整よりも数量調整が先に行われると考えるのがケインジアン、とされている。ここでいわれるケインジアンとは、ニュー・ケインジアンのことに他ならない。

では、ケインズ自身はどう考えていたか。まず、実際の古典派、あるいはマーシャルが価格調整をスムーズだと考えていた事実はない。それどころか、賃金の下方硬直性、賃金遅れの現象は、古典派やマーシャルの特徴の一つであった。その意味では、ニュー・ケインジアンは、ミクロ的基礎付けというお土産をもった、「古典派」への回帰であるといえる。それに対し、『貨幣論』のケインズは、投資・貯蓄アプローチに基づき、価格調整を考えていた。そのケインズを批判し、価格調整よりも数量調整が先だと主張したのが自称「古典派」のホートレーであった。したがって、ケインズに関する限り、価格調整を考えていた『貨幣論』までの時期と、数量調整を優先するようになった『一般理論』以降、と整理することができる。ただ、この点は、決して古典派か否かを区別する争点にはなり得ないことは、先述の通りである。

したがって、本節の結論としては、ニュー・ケインジアンは現代経済学における一つの有力な立場ではあるが、こと経済理論、方法論においては、ケインズとはあまり関係がない、というものである。

マクロ経済学の現状

現在、マクロ経済学はいびつな状況にある。通常、体系化された学問というものは入門・初級から中級、上級へと順に知識を積み重ね、ステップアップしていくものである。経済学も、基本的にはそうなっている。ところが、ことマクロ経済学に関しては、初級と上級とのあいだにきわめて大きな断絶がある。

ほとんどの大学の経済学部で教えられており、また公務員試験等の問題に出題されるマクロ経済学は、初級＝伝統的なケインズ経済学であり、経済学の大学院で教えられるのは上級＝新古典派経済学（ただしこの定義をめぐっては各種議論がある）である。上級マクロ経済学を学ぶにあたって、初級マクロ経済学の知識は役に立たないどころか、有害とさえみなされる（逆に、上級マクロ経済学を「有害」と主張するクルーグマンのような論者もいる）。理論経済学を学ぶ経済学部生が大学院に進学すると、今まで学習したことは忘れなさい、と言われる異様な状況になっている。初級マクロ経済学のなかで大きなウエイトを占めるIS－LMモデルは、上級マクロ経済学の教科書では影も形もない。

後者の方がより高度な数学を多用するという点はさておくとしても、両者のあいだには方法論的、思想的、あるいはイデオロギー的に決定的な断絶がある。

その最も大きな違いを一つ挙げるならば、初級マクロ経済学＝ケインズ経済学では、個々人の合理的な行動を積み重ねても社会全体の姿はわからないという意味で、ミクロ経済学とマクロ経済学は、明確に区別される学問であると考えるのに対し、上級マクロ経済学は、合理的個人のミクロ的行動に基礎付けられた体系という意味で、ミクロ経済学の一分野であると考える点である。

そして、初級マクロ経済学において、不況の原因は有効需要の不足であり、必要なことは賃金の上昇であるが、上級マクロ経済学になると、――これも中身が必ずしも一枚岩とはいえないが――不況対策には賃金をカットする方がよい、といった正反対の結論が出てくることさえある。もっと極端なものになると、経済はつねに均衡状態にあるため、不況やバブルは定義によって存在しない。よって、経済政策など何もする必要はない、といった結論さえあり得る。

確かに現在でも、ニュー・ケインジアンのように、積極的な財政・金融政策を支持してケインジアンを標榜する経済学者はいる。方法論的にケインズとほとんど接点をもっておらず、ケインズの重要な思想を受け継いでいないという理由で彼らを拒絶する「オールド・ケインジアン」もいれば、ニュー・ケインジアンこそがケインズ経済学の生き残る道だと支持する人々もいる。

現在の経済学で、「理論」を標榜することを許されるのは、個人の合理的行動に基礎付けられた体系のみであり、旧来のケインズ経済学はそれを欠くとされる。しかし他方、ケインズは、個人の行動に合理的基礎などありはしないのだという点を明らかにした。なぜなら、将来は不確実だからである。近年の行動ファイナンス、行動経済学の興隆は、このケインズの主張を再確認するものである。

マクロ経済学のミクロ的基礎について整理すると、二つの論点が存在する。一つは静学的なケインジアン・モデルに対する批判で、状況が変化した後でも以前と同じ行動をとるという仮定を問題視するものである。これはあたっている面がある。他方、合理的個人の最適化行動という前提から演繹するという、ミクロの積み重ねによってマクロ経済学を把握する方法論が正当化されるか、というと、それは別の問題である。

ケインズに学ぶべきいま一つの重要な点は、繰り返し述べているように、ミクロの合計がマクロになるわけではない、ミクロとマクロは次元の異なるものである、という方法論である。もし仮に、ミクロの合計がマクロになるのであれば、節約はミクロ的には美徳であるため、皆が無駄遣いをやめて節約に励めば世の中は良くなるはずである。家計にとって財やサービスの価格は安ければ安いほどよいし、企業にとって労働力は安ければ安いほどありがたいので、財やサービスの価格も賃金もどんどん下がっていけば世の中は良くなるはずである。投機はミクロ的には市場メカニズムの促進作用をもつので、投機が蔓延すると社会は安定するはずである。しかし、いずれも真実とはいい難い。ミクロとマクロは別のものであるからこそ、こうした問題が生じる。ここにこそ、ケインズを再び顧みる意味がある。

本書の最初の問いに今一度答えよう。投機は経済を安定化させるか。答えはノーである。その理由は、ミクロとマクロは異なるからである。

ここまでは、経済学者としてのケインズに焦点をあててきたが、ここから先は、投機家としてのケインズについて検討していきたい。

＊1　ジョン・メイナード・ケインズ『ケインズ全集第二一巻　世界恐慌と英米における諸政策――1931～39年の諸活動――』を参照。

＊2　根井雅弘、『現代の経済学　ケインズ主義の再検討』、一〇九ページ。一九三七年一月に『タイムズ』紙に寄稿した記事でケインズは次のように述べている。「政府が不況の時期に負債を負うことが当を得ていたのとちょうど同様に、同じ理由で今や政府が反対の政策に傾斜することとは賢明である。当面は……税を引き上げまたすべての税の免除を控えて、課税によって軍備のコストの主要部分を支払うべきことを、わたしは提案する。不況ではなく、好景気が、国庫の緊縮にとって適切な時期である」（『ケインズ全集第二一巻　世界恐慌と英米における諸政策――1931～39年の諸活動』、四四四ページ）。

＊3　R・E・バックハウス、B・W・ベイトマン、『資本主義の革命家ケインズ』、一三一－一三二ページ

＊4　Friedman, Milton, "The Role of Monetary Policy"を参照。

＊5　ブラッドリー・W・ベイトマン、平井俊顕、マリア・クリスティーナ・マルクッツォ・編、『リターン・トゥ・ケインズ』、二四ページ

＊6　『リターン・トゥ・ケインズ』、二五－二六ページ

＊7　なお、フリードマンは反ケインズ主義の急先鋒として知られるが、ケインズの師であるマーシャルのことを尊敬していた。フリードマンの経済学とケンブリッジの経済学とでは、市場に対する見方をめぐって大きな相違があるが、他方で、共通する部分もあった。
　フリードマンは「一九四〇年代後半、マーシャルの『経済学原理』について、こう述べている。『今もなお経済理論書の最高峰だ。これは、現代の経済学のじつに悲しい一面を物語っている。マーシャルがとりわけ優れていたのは、今とは違う姿勢で経済学に取り組んでいたことだ。幾何学の問題としてではなく、目の前の現実問題として経済に関心を持っていた。マーシャルにとって、経済学は分析の道具であり、実際に動いている経済システムを研究する手段だった』」（ラニー・エーベンシュタイン、『最強の経済学者ミルトン・フリードマン』、一一七ページ）。その主張の中身はともかく、経済理論への向き合い方という面では、アメリカン・ケインジアンの代表とされるサムエルソンよりも、フリードマンの方がマーシャルやケインズに近い側面があったとさえいえるかもしれない。マーシャル、ケインズ、フリードマンの三人とも、出自は数学者で、優れた数学的センスを備えつつも、数学の濫用を戒めた経済学者であったことを想起すると興味深い。

＊8　野口旭、『世界は危機を克服する　ケインズ主義2.0』を参照。

＊9　スティグリッツは次のように述べている。「二〇〇八年、世界経済が崩壊する直前に、インフレ・ターゲット論は試練にさらされた。ほとんどの発展途上国が高いインフレ率に直面していたのは、マクロ経済の運営がまずかったからではなく、石油と食料品の価格が急騰していたからで、豊かな国に比べると、貧しい国ではこれらの商品が平均的な家庭の予算に占める割合はずっと高い。……インフレ・ターゲット論に従うと、これらの発展途上国は金利を引き上げるべきだということになるが、これらの国々のインフレは大部分が輸入品によってもたらされたものだ。金利を引き上げても、穀物や燃料の国際価格はあまり変動しないだろう」（ジョセフ・E・スティグリッツ、『世界の99％を貧困にする経済』、三七五ページ）。二〇一六年初頭の時点では、情勢は正反対であり、世界的な原油価格の低下傾向を受け、インフレ率が低迷している。しかし、議論をひっくり返すだけで、スティグリッツの指摘は依然、当を得ていると思われる。

＊10　ピグーは、消費支出が所得だけではなく、資産の関数でもある場合、ケインズ型消費関数は成り立たないと主張した（Pigou, Arthur Cecil, "The Classical Stationary State"）。物価が下落すると資産の実質価値は増大するが、ピグーはこの資産の実質価値の変化が有効需要に及ぼす影響を指摘している。そしてパティンキンによって、これはピグー効果と名付けられた。また、フリードマンの恒常所得仮説など、消費関数をめぐっては様々な議論や仮説が提示された。

＊11　"Investment Policy for Insurance Companies", The Nation and Athenaeum, May 17, 1924 in Keynes, Keynes, John Maynard, *JMK XII Economic Articles and Correspondence. Investment and Editorial*, p.243

＊12　ケインズはつねに国際的視野を備えた経済学者であったが、『一般理論』は海外部門を捨象した閉鎖経済を対象とする理論体系である。具体的な政策提言も前面に押し出されてはいない。平井俊顕は、『一般理論』に登場する統計データはC. Clark（1932）*The National Income 1924-1931*とS. Kuznets（1937）*National Income and Capital Formation 1919-1935: A Preliminary Report*から取り出したものだけであることを指摘している。（『ケインズの理論、複合的視座からの研究』一六一ページ、注四九）

第3章

ケインズにおける投機と投資

本章は、投機家ケインズの素顔に焦点を当てる。
ケインズは最終的に投資で成功して富を築いたことが知られているが、
その道のりは平坦ではなかった。
実際のケインズの投機活動を概観しつつ、彼の投資哲学、
ひいては投機活動とケインズ経済学との関わりについて考える。

1　ケインズの投機遍歴

本章では、ケインズの生涯のうち、投資・投機活動の側面に焦点をあててみていきたい。[*1]なぜわざわざ一章を割いて、一個人の投機活動の軌跡を追うのか。それは、ケインズの投機に対する考え方が、本書のここまでで述べてきたケインズ経済学と密接にリンクしているからである。

ケインズは為替や商品や株式といった、当時でもリスクが高いとみなされていたものへの投機を好んだ。そして何度も大失敗をした。将来はわからない。不確実である。合理的に振る舞おうとしても、合理的な判断を下す根拠が存在しないことがある。それゆえに人は過ちを犯す。市場はときに、移ろいやすい大衆心理に流され、不合理な動きをする。ケインズ経済学の前提にあるこうした市場観は、彼の投機活動と無関係ではないように思われる。

投機家ケインズ

ケインズの父ネヴィルは、祖父のジョン・ケインズが一八七八年に亡くなったとき、一万七〇〇〇ポンドを相続していた。そしてネヴィルは、投資によって資産を着実に増やしていた。幼少の頃からそれをみていたケインズにとって、投資は身近なものであったかもしれない。最終的には数十万ポンドという財産を築いたケインズであったが、両親が彼よりも長生きしたため、相続財産はなく、あくまで一代で稼いだものである。*2

ケインズが投資活動を開始したのは一九〇五年七月、彼が二二歳のときである。初めて購入した銘柄は、マリン・インシュアランス・カンパニーであり、同社の株式四株を、一六〇ポンド一六シリングで購入した記録が残っている。どういう理由でこの銘柄を選んだのかはわからないが、これに当時のケインズの金融資産の大半を投入したことになる。その後、断続的に株式の購入を行っているが、一九一九年六月に大蔵省を辞任するまでは、概して投資活動の規模も頻度も限定的であった。またこの間、彼の金融資産は一九〇五年の約一六〇ポンドから一九一九年の約一万四五〇〇ポンドへと飛躍的に増加しているが、資産の増加は収入からの貯蓄による部分が多いため、これがそのまま投資のパフォーマンスを表しているわけではない。インド省勤務時代の給与は年二〇〇ポンドあまりであり、一九〇八年以降の講師時代はピグーから年一〇〇ポンドを受け取り、父から一〇〇ポンドの援助を受けていた。

一九世紀までの西欧世界において、富裕層の基本的な投資対象は不動産や債券であった。ところがケインズは、投資先としてこのいずれにもあまり興味を示していない。不動産に至っては、彼は終生、購入することはなかった。

ケインズが興味をもったのは、株式であり、為替であり、商品であり、いずれもともすれば「博打的」とみなされるようなリスクの高い代物ばかりであった。また、その手法に照らしても、彼を「投資家」と呼ぶよりは「投機家」と呼ぶ方がしっくりくるかもしれない。

為替投機

ケインズの投機活動が本格化するのは、主に一九一九年に大蔵省を辞任してからである。[*3] 大蔵省時代の同僚であったオズワルド・フォークとともにシンジケートをつくり、一九二〇年から外国通貨の先物売買をはじめた。資本金三万ポンドのうち半分は、ケインズの自己資金と、ブルームズベリーの友人たちから集めた資金であった。世俗的な活動を忌避したブルームズベリー・グループの友人たちが、ケインズに投資資金を提供しているのは興味深い。優雅な文化的生活を維持するのにケインズの給与所得は十分でなかった。

外国為替の投機が行われたのには、当時の特殊な時代背景がある。第一次世界大戦の勃発を契機に、主要国では金本位制が機能不全に陥っており、為替相場が乱高下する時代に突入していた。これはかつてない事態であり、当面はイギリスが金本位制に復帰する一九二五年まで続く。[*4]

ケインズの基本的な見通しは、ドル高、欧州通貨安であり、その相場観に沿って売買を行っていた。これは当時の国際情勢に照らせば自然な判断であったといえるが、相場とは必ずしも素直に動くものではない。

一九二〇年初頭、イギリスは戦後好景気に沸いており、賃金や物価は急騰していた。物価は戦前の三倍に達し、ポンドは大きく下落し、二月四日には一ポンド＝三・二〇ドルになった。イングランド銀行は、大臣たちや（利上げで保有する国債の価値が下落することを嫌った）銀行家の反対にあい、追加利上げをしばらく見送っていたが、インフレを抑えるべく一九二〇年四月一五日、ついに公定歩合を七パーセントにまで引き上げた。これは戦時を除くと史上最高水準であり、この金利は一年間続いた。

運用開始当初はフラン売り等で二〇パーセント以上の利益をあげていたケインズであったが、好調は長くは続かなかった。ドルを買いマルクを売っていた彼の思惑に反し、イングランド銀行の利上げを受けて、買建のドルは上がらず、売建のマルクは下がらなかった。

当時の制度では、一〇パーセントの証拠金をもとに、最大一〇倍のレバレッジをかけた取引が可能であった。ケインズは高いレバレッジをかけた取引を行っていたため、逆行する動きに耐え切れず、彼の会社は大きな損失を出した。一九二〇年の四月から五月にかけて、一万三一二五ポンドを失い、七〇〇〇ポンドの追加証拠金を要求されることになった。この場は父親からの支援に加え、マクミラン社から『平和の経済的帰結』の前渡し金一五〇〇ポンド、アーネスト・カッセルから五〇〇〇ポンドの借入をすることができたため、何とか破産を免れた。

早々に手痛い打撃を被ったケインズであったが、懲りることなく、すぐさま別のファンドを設立している。そして今度は成功を収め、一九二〇年末には借金を返済することができた。

一九一九年秋にナショナル相互生命保険会社の取締役会に加わり、一九二一年になると、その会長に就任し、毎年、年次総会で演説を行うようになった。自身が相場に参加すると同時に、相場に関する情報を発信する立場にあった。また同年、大蔵省「A課」の仲間たちとA・D・インベストメント・トラストを設立した。*5

一九二二年一二月までにはシンジケートの負債もすべて清算し、この時点でケインズの純資産は二万ポンドを超えていた。その原資となったのは為替、商品、株式によるキャピタルゲインである。内訳ではその六〜七割を為替による利益が占めていた。

一九二三年にはプロヴィンシャル保険会社の取締役会に加わり、また同年、フォークと共に商品投機を行うP・R・ファイナンス・カンパニーを設立した。

一九二〇年代に入ってもケインズは毎日のように為替市場に参加していたが、同時に商品にも興味をもちはじめ、綿花など様々な商品の投機を行った。一九二三年の『貨幣改革論』で展開された先物為替市場についての議論（第三章「貨幣および外国為替の理論」、とりわけ第四節「為替の先物市場」を参照）は、彼の実体験にもとづいたもので、実際に相場に参加することで実務的知識を深めていった。以下のような記述はその一例である。

ロンドンの買方に対する一か月先物のドル為替相場が、直物ドルよりもポンドで測って安い場合は、これは一切を考慮にいれて、その月の間、為替市場は資金をロンドンよりもニューヨークに置くことを欲するためであって、その選好の程度は先物ドルの割引によって測られる。ドルの直物がポンドに対して四ドル四〇セントであり、一か月先物のドルがポンドに対し四ドル四〇セント二分の一であったとすると、四ドル四〇セントを所有する者はドルの直物を売り、一か月先物でこれを買い戻せば、その月中ニューヨークで四ドル四〇セントを所有する代わりにロンドンで一ポンドを所有するということだけで、月末には四ドル四〇セント二分の一を得ることになる。[*6]

エドガー・ローレンス・スミス『長期投資としての普通株』

ケインズの株式投資歴は、既に述べたように一九〇五年にまでさかのぼるが、彼が株式投資に本格的に魅了されるようになった大きなきっかけとして、エドワード・ローレンス・スミスの『長期投資としての普通株』（一九二五年）という小さな本との出会いを挙げることができる。

それまで、株式は健全な投資ではなく、投機の対象であるという認識が一般的であった。したがって、普通株は大口の投資家の投資対象からは除外されてきた。スミスはこれに反論すべく、一八六六年から一九二二年までのアメリカの普通株と債券のパフォーマンスを分析した。アメリカで空前の株式バブルが始まる前の時代である。『ウォール・ストリート・ジャーナル』の共同設立者チャールズ・ダウが、有名な株価平均を考案したのは一八八四年のことであった。

当時はまだインデックスファンド[*7]のような商品は存在しないが、スミスは主要な大企業の普通株一〇銘柄程度に一万ドルを分散投資した場合のパフォーマンスと、優良債券に同額投資した場合のパフォーマンスを比較した一一件の実験を行った。それぞれの運用期間は、多少の差はあるが、概ね二〇年程度である。

スミスが行った一一件のテストのうち、一件を除く一〇件のテストで、株式投資の運用益が債券

	期間	株式の運用益が債券を上回った額
テスト1	1901-1922(22年)	16400.94ドル
テスト2	1901-1922(22年)	9242.26ドル
テスト3	1901-1922(22年)	21954.72ドル
テスト4	1880-1899(20年)	12002.04ドル
テスト5	1866-1885(20年)	2966.85ドル
テスト6	1866-1885(20年)	−1012.00ドル
テスト7	1892-1911(20年)	11723.80ドル
テスト8	1906-1922(17年)	6651.01ドル
テスト8a	1906-1922(17年)	4938.08ドル
テスト9	1901-1922(22年)	13734.72ドル
テスト10	1901-1922(22年)	3329.72ドル
テスト11	1901-1922(22年)	17140.25ドル

表1 スミスによる大企業の普通株分散投資のパフォーマンス・テスト *8

銘柄	株数	1901.1.12の週の平均株価($)
American Sugar Refining	7	140
American Tobacco	18	56
Continental Tobacco	25	40
People's Gas Lt. & Coke (Chi.)	10	104
Tenn. Coal & Iron	15	64
Western Union Tel.	12	83
Federal Steel	18	56
Amalgamated Copper	11	92
Amer. Smelting & Refining	18	55
Amer. Tin Plate	18	56

表2 スミスのパフォーマンス・テストで選ばれた銘柄 *9

投資のそれを上回っていることがわかる［表1参照］。

銘柄の選択にあたって、スミスは、恣意性をなくすため、対象の週に出来高の大きかった工業株を選んだ。参考までに、テスト1で選択された一〇銘柄は表2の通りである。

一九〇一年年初に一万〇〇〇二ドルで購入した株式の株価は、一九一三年一二月三一日の市場価格で一万三七一八ドル、一九二二年一二月三一日の市場価格で一万五四二二ドルになっていた。他方、毎年平均して一〇〇〇ドル弱の配当が入り、二二年間の配当収入は一万九七八〇・九四ドルにのぼる。配当の最も少なかった年は一九〇四年で五一〇ドルであり、これでも元本に対して五・一パーセントの利回りである。二二年間で考えると、配当利回りは平均約九パーセントとなる。

債券の方は、一九〇一年一月第一週の優良鉄道債の利回りが三・九五パーセントであったことに鑑み、年四パーセントの利回りで、一九〇一年から一九二三年まで一度もデフォルトを起こさなかったものとして計算されている。[*10] なお、ケインズによると、イギリスのコンソル公債の平均利回りは、一八三五年から一九一四年の八〇年間で平均三パーセントをほんの少し上回る水準、第一次世界大戦前の四〇年間で、平均三パーセント程度であった。[*11]

スミスの検証で、株式のパフォーマンスが債券を下回ったのは、一例のみである。スミスは一八六六年から一八八五年に至る二〇年のテストを二件行っているが、テスト5では株式が二九六六ドル上回り、テスト6では一〇一二ドル下回った。この時期は、株式投資には厳しい逆風の吹いていた時期にあたる。その最大の原因は、ドルの購買力が上昇したことである。この状況下では、ドル建て長期債券を購入するのが最も理にかなっていた。それでもテスト5において株式投資が債券を凌駕したことは注目すべきである。テスト5とテスト6では投資銘柄が異なるが、テスト6でポートフォリオに採用された銘柄の一つが途中から無配に転落し、かつ株価が一八六六年から一八八五年にかけて一〇分の一以下に下落してしまったという事実がある。その場合でも、債券のパフォーマンスがわずかに株式を上回ったにすぎない。

スミスの検証は、インフレ期にはもちろんのこと、デフレの時期においてさえ、ほとんどのケースで株式の運用成績は債券のそれを上回っていることを論証した。この事実はケインズに大きな勇気を与えた。

実際、ケインズは、一九二五年五月二日の『ネーション・アンド・アシニーアム』誌に寄せた書評で同書を絶賛している。

健全な会社は概して、その稼いだ利益のすべてを株主に分配するわけではない。業績好調な年には、すべての年ではないにしても、彼らは利潤の一部を留保し、事業に振り向ける。こうして、健全な産業投資に有利に働く複利の要素がある。長年にわたって、健全な産業の資産の実質価値は、株主に分配される分を別としても、複利で増えていく（An American Study of Shares versus Bonds as permanent Investments）。*12

ここでは「投資 investment」という行為が、企業の実物投資の観点から議論されている。『一般理論』でも、investmentという言葉は場所によって、証券投資にも実物投資にも使われている。ケインズは、投機ではなく投資先として、普通株を評価している。

このスミスの議論をどう評価するかはなかなか難しいところである。というのも、幸か不幸か、スミスの実験がアメリカにおける空前のバブル発生と崩壊の直前で終わっているためである。

大恐慌以降、ダウ・ジョーンズ工業株平均が一九二九年の高値を回復するのは一九五四年のことであった。また、日本の株式バブルのピークである一九八九年末につけた日経平均三万八九一五円八七銭は、その後、四半世紀以上経っても回復されていない。たとえ高値掴みしてしまったとしても、長期保有していればいずれ回復する、という議論は、インデックスに投資した場合でも、どの程度の期間を想定するかによって妥当性が変わってくる。そして、一〇年、二〇年と長期保有した場合でも、リターンがマイナスになる可能性があり得るということは想起しておく必要があるだろう。

ケインズはスミスの本を契機に、さらに株式投資に魅了されるようになり、ナショナル相互生命保険会社のポートフォリオに占める株式の比率を生命保険業界の平均の三倍にすることを提案した。不思議なことは、ケインズがこの本で長期投資としての株式投資に感銘を受けた時期と、実際に長期投資を実践しはじめた時期とには数年のラグがあることである。後述のように、最終的にはケインズは現在でいうところのバリュー投資に開眼し、それによって財産を築くのであるが、一九二〇年代にはレバレッジをかけた投機的取引を繰り返して大きな損失を出している。

キングズ・カレッジのチェスト・ファンド

ケインズはまた、所属するキングズ・カレッジの資産運用にもかなり深く携わっている。一九一九年一一月に年一〇〇ポンドの俸給で副会計官（Second Bursar）に任命され、一九二四年には正会計官（First Bursar）となった。

一九二〇年六月にキングズ・カレッジの基金であるチェスト・ファンドが資本金三万ポンドで設立された。キングズ・カレッジは、株式への投資を許容していた数少ないカレッジ・ファンドの一つであった。ここでケインズは大胆な提言を行っている。ポートフォリオに占める株式の比重を大幅に高めよというのである。こうした資金は保守的な運用が主流で、その大部分を土地や債券で運用するのが常識であったため、リスクの高いと考えられていた株式の運用比率を上げようというケインズの提言はかなりの抵抗に遭った。

ケインズが関与していた時期のチェスト・ファンドの運用パフォーマンスを左の表3で見ることができる。

この数字をみると、一九三一〜三二年が転機となっているのがわかる。大恐慌時には市場平均以上の打撃を被っているが、立ち直りも早い。ダウ・ジョーンズ工業株平均は、一九二九年九月三日の三八一・二ドルを高値として、一九三二年に四一・二ドルまで下がった。相場が底を打った一九三二年以降、一九三六年にかけて目覚ましい躍進を遂げている。

　キングズ・カレッジの資産は、一九三一年から一九四五年に至る一五年間で一〇倍に増加している。一九二七年を一〇〇とすると、一九三一年は約半分の四九・六、一九四五年は四八〇・三である。三万ポンドで出発したチェスト・ファンドであったが、ケインズが亡くなったときには資本評価額で三八万ポンドに達していた。

	Chest Fund のリターン	英国市場 のリターン	大蔵省 証券金利
1928	-3.4%	7.9%	4.2%
1929	0.8%	6.6%	5.3%
1930	−32.4%	−20.3%	2.5%
1931	−24.6%	−25.0%	3.6%
1932	44.8%	−5.8%	1.5%
1933	35.1%	21.5%	0.6%
1934	33.1%	−0.7%	0.7%
1935	44.3%	5.3%	0.5%
1936	56.0%	10.2%	0.6%
1937	8.5%	−0.5%	0.6%
1938	−40.1%	−16.1%	0.6%
1939	12.9%	−7.2%	1.3%
1940	−15.6%	−12.9%	1.0%
1941	33.5%	12.5%	1.0%
1942	-0.9%	0.8%	1.0%
1943	53.9%	15.6%	1.0%
1944	14.5%	5.4%	1.0%
1945	14.6%	0.8%	1.0%

表3　チェスト・ファンドの運用パフォーマンス ＊13

商品投機の失敗とウォール街の株価大暴落

ケインズ個人の純資産に目を転じると、一九二七年末には四万四〇〇〇ポンドにまで増えたが、投資していた商品価格が下落しはじめると、損失を被った。商品価格は一九二八年から一九三一年のあいだに五〇パーセント以上も下落した。ケインズは天然ゴムの先物買いで大きな損失を出し、それまで一〇パーセントの委託証拠金で取引していたところ、二〇パーセントの証拠金を要求され、それに応じるために保有株式を大量に売却せざるを得なかった。ケインズの個人資産は一九二九年には七八一五ポンドにまで激減している。

現代でも、相場の下落が世界中に伝播する現象はしばしば観察される。市場が大きな変動に見舞われたとき、他の市場にまで飛び火する理由の一つは、流動性が必要になった投資家が現金を確保するために、利の乗っているポジションを解消して換金売りを強いられるからである。

ケインズは商品投機での損失を埋めるため、保有していたアメリカ株を売却した。結果的には、一九二九年のウォール街の株式大暴落時、ケインズが保有していたアメリカ株はオースティン・モーター一万株のみであった。ただし、ケインズが役員を務めていた会社は大量のアメリカ株を保有していた。同社の株価は一九二八年の二一シリングから一九二九年には五シリングにまで下落したが、ケインズは損切をせずに保有を継続した。その後、一九三〇年四月に三五シリングまで回復したところで売却している。[*14]

一九二九年一〇月二四日の暗黒の木曜日については、同時代人のアレンがその様子を生々しく描

	1929年9月3日高値	1929年11月13日安値
アメリカ缶	181.875	86.000
アメリカ電信電話	304.000	197.250
アナコンダ銅	131.500	70.000
ゼネラル・エレクトリック	396.250	168.125
ゼネラル・モーターズ	72.750	36.000
モンゴメリー・ウォード	137.875	49.250
ニューヨーク・セントラル	256.375	160.000
ラジオ	101.000	28.000
ユニオン・カーバイド&カーボン	137.875	59.000
U・S・スティール	261.750	150.000
ウェスティングハウスE&M	289.875	102.625
ウールワース	100.375	52.250
エレクトリック・ボンド&シェア	186.750	50.250

表4 1929年当時の主要銘柄（単位はドル）

写している。この日の朝、株価は手堅い価格で寄り付いたが、そこから一時間と経たずに大暴落がはじまった。立会所にいたトレーダーたちは「成り行き」で売ろうと殺到した。「安値」で買ってくれるはずの投機家はどこにも現れなかった。U・S・スティールは、数週間前の高値二八〇ドルに対し、あっという間に二〇〇ドルを割った。数週間前まで四〇〇ドルしていたゼネラル・エレクトリックは、二八〇ドル台にまですべり落ちた。一〇〇ドルを超えていたラジオ株は、四四ドルにまで下落した。月曜日には再び総崩れがはじまった。当時の主要銘柄について、一九二九年九月の高値と一一月の安値を比較すると、表4のようになる。[*15]

当初、ケインズはアメリカの経済学者アーヴィング・フィッシャー同様に、この下落を単なる調整であるとみていた。しかし一一月になると悲観に転じ、自身が役員を務めていた会社にも売却を指示している。フィッシャーは、ポートフォリオの中心を占めるレミントンランド株を保有し続け、約一〇〇〇万ドルを失ったといわれている。

一九三〇年代

モグリッジによると、一九二〇年代にはケインズの投資パフォーマンスは概して市場平均に負けていたが、一九二九年以降、ウォール街とロンドンを別々に扱った場合に利用可能な三〇の会計年度のうち、二一年で市場平均を上回るパフォーマンスをあげた。[*16]

ダウ・ジョーンズ工業株平均は、一九二九年九月三日の高値三八一・二ドルをピークに、同年一一月には約半分、さらに一九三二年にはピーク時の一〇分の一に近い四一・二ドルまで下落した。

伝記作家スキデルスキーは、一九三一年九月三日にナショナル相互生命保険会社の投資政策について、ケインズがオズワルド・フォークに宛てた手紙を紹介している。そこでケインズは、デフレ圧力がなお強いことを認めつつも、この時点での売却には反対している。その理由は以下のとおりである。

一　デフレ傾向は遅かれ早かれ金利を引き下げるであろう。

二　我々は六ヶ月以内に関税を適用すると確信している。

三　市場は不確実性によるパニック状態にあり、多くの個別銘柄が割安になっている。
四　売りたい銘柄の多くは妥当な価格で売却できる状況にない。
五　この先なにが起きるかを予測するのは非常に難しい。いまの時点ではまったく予期できない諸要因によって状況が完全に一変する可能性がある。
六　保険のかけられないリスクがあり、それについては心配しても仕方がない。
七　我々の精神状態に鑑みると、いま売却してしまうと底値で再び拾うのは難しい。時期を逸して回復が始まったときには手遅れである。もしこの先回復することがないとすれば、どうしようもない。
八　我々は利回りを維持しなければならない。
九　我々の信用等の観点からすると、回復に乗り遅れるのは考えられる最悪の事態である。
十　ことの性質上、すべての人が売却するのが不可能であるような状況で、機関投資家は、先頭に立って売り急ぐような真似をして下落相場に拍車をかけるようなことをすべきではない。このようなときこそ、保有を継続しなければならない。[*17]

ケインズの純資産の推移をみると、一九三二年から一九三六年にかけて――これはまさに『一般理論』に向けて知的格闘を繰り広げていた時期にあたるが――著しい増加をみせている。一九三二年の二万一七二二ポンドから一九三六年の五〇万六五二二ポンドへと、四年間で実に二三倍以上に増えている。この一九三六年はケインズの純資産のピークにあたる。ダウもこの頃までには約二〇〇ドルまで値を戻していたが、一九三七年夏のルーズヴェルトの均衡予算を受けて、同年九月には株価が急落した。ダウは半値の一〇〇ドル前後まで暴落し、ケインズの資産も約六〇パーセント減少し、一九三七年には二一万五二四四ポンドまで減った。

一九三七年六月時点でのケインズのポートフォリオは、アメリカ株三六パーセント、イギリス株一八パーセント、外国為替先物一四パーセント、商品先物三二パーセントで、商品先物のうち三分の一は小麦が占めていた。[*18]

一九三八年五月八日に、キングズ・カレッジのエステーツ・コミッティにおける覚書で、ケインズは投資に成功するための三つの原則について述べている。第一に、ファンダメンタルズに照らして割安な少数の銘柄を注意深く選ぶこと、第二に、それらの銘柄をかなりの量、良いときも悪いときも（数年程度は）確固たる決意で保有すること、そして第三に、バランスのとれた投資ポジションを構築すること、である。[*19] 第二の保有期間については、売り時は、当初の目標を達成したときか、その投資が失敗であったことが明らかになったときである。第三のバランスのとれた投資ポジションとは、例えば一般的な証券と逆の値動きをする金に投資することでリスクヘッジを図るといったことが考えられる。

ケインズは、割安な銘柄をみつけて購入するのは得意であったが、割高になったところで売却するタイミングについてはあまり得意ではなかった。売り時を逸して下落に巻き込まれることもしばしばあった。[20]

これについて、一九三八年五月五日にカーンに宛てて次のように書いている。

おそらく、保有銘柄のほとんどが高騰した後に、売るのがあまりにも遅いと思う人もいるかもしれません。しかし、振り返ってみると、私はこの理由であまり自分を責めようとは思いません。早く売りすぎることによって大きく儲け損なっていたであろうことが多いのです。[21]

個人投資家として、また機関投資家のマネージャーとして、ケインズは結果的に大成功を収めたが、ケインズの手法は高いレバレッジをかけていたという意味では投機であった。ケインズの成功が、その類まれなる才能に起因するものなのか、幸運に恵まれたためなのか、あるいはその両方なのかはわからない。

現代においても、大学のファンドが投資を行うケースはある。その際、留意しなければならないのは、腕の良いマネージャーを雇うのにはお金がかかること、腕の良いマネージャーを見つけ出すのは簡単ではないこと、そして腕の良いマネージャーであっても失敗することはあるということである。いずれにせよ、凡人がケインズの真似事をするのは容易ではない。

2 実践から得た哲学

ケインズが投機に力を注いだ理由

ケインズは『貨幣改革論』で非活動階級に分類した金利生活者に対して、終生厳しい目を向け続けた。他方、ケインズの活動の大部分は、投機や投資による不労所得によってまかなわれていた。ただ、ケインズの投資スタイルは金利生活者のそれとは大きく異なる。世襲的な金利生活者の場合、代々受け継いだ不動産やコンソル債からの安定した収入が着実に入ってくる。何もしなくても、何も頭を使わなくても、その資産が勝手にお金を増やしてくれる。ケインズは不動産や債券には投資をしなかった。高いレバレッジをかけて、リスクのある株式や商品、為替に投資することを好んだ。後者で継続的に成功を収めるには高度な叡智（と運）を必要とする。

価値のある絵画を買い集めたり、芸術活動を支援したり、ケインズが理想とした文化的生活を維持するためにはお金がかかる。そのためにはケインズの所得は十分ではなかった。したがって、ケインズが投機活動に注力した理由の一つとして、文化活動に必要な原資を得るための手段として割り切っていたという考え方もできる。現に、ケインズが投機ファンドを立ち上げたとき、ブルームズベリーの友人たちは出資している。ケインズの友人たちにしても、こうした利殖行為を心底毛嫌いしていたのであれば、お金は出さないはずである。ケインズがお金を必要とした理由は芸術活動の振興、支援のためであり、実際、彼はケンブリッジ・アーツ・シアター、英国芸術協会などの創立に大きく関与している。

また、実際の経済の動きを知るためには相場の知識が必要であった。例えば『貨幣改革論』では先物市場の議論などが出てくるが、こうしたことも、知らなければ書くことはできない。ケインズに限らず、ケンブリッジの経済学者の多くは経済の実務に精通していた。理論を構築するかたわら、現実の経済はどうなっているか、ということを決して忘れなかった。「完全競争」や「完全知識」を想定するような机上の空論は、彼らには無縁のものであった。

ケインズの投資活動と経済学

ケインズの投資活動は、彼の経済学にどのような影響を及ぼしただろうか。

第一に、マネーの動きが実体経済に大きな影響を及ぼすというヴィジョンは、ケインズ自身の相場体験とも関連があるかもしれない。現実を知っていれば、貨幣の中立性命題などという議論は出てこない。例えば、もし貨幣数量説が正しいならば、インフレだろうがデフレだろうが実体経済には何の影響もない、ということになるが、実際にはそのようなことはない。そして大恐慌のような出来事は、世界経済を破滅に導く。株価が暴落したところで、投資家が損をするだけならその影響は限定的であるが、それだけでは済まないことは歴史が証明している。銀行の倒産の連鎖、預金を失う国民、そして工業生産の激減、大量失業の発生、といった現実を当時の人々は目のあたりにした。

第二に、ケインズ経済学における不確実性や期待といった要素は、投資経験と無関係ではないだろう。例えば、戦後の混乱期にドル買い、ポンド売りのポジションをとったとき、ケインズは自分の見通しにかなり自信をもっていた。ところが、イングランド銀行の利上げという思いもよらないことが起こり、大損をしてしまう。将来を見通すことの難しさについては、ケインズ自身、実体験においても嫌というほど味わってきた。

第三に、投機は、将来の資産価格の変動を予測するゲームである。投機に注目するということは、ストックに注目するということでもある。伝統的な古典派経済学の中核は、一国の生産と分配に着目するフローの議論であった。確かに、古典派には信用循環論のようなバブルの理論もあるが、それは位置付けとしてはあくまで枝葉にすぎなかった。ケインズ経済学では、フローの国民所得決定理論のなかにストックの要素が組み込まれている。ケインズがこのようなストック中心の理論体系を構築するにあたっては、彼自身の投機経験がいかされている可能性はある。

ストックの重要性

古典派経済学は、基本的には、フローの経済学であるといえる。古典派経済学は、一国の富とは何か、いかにしてそれを増やすか、という問題に取り組んだが、その際、年々の労働によって生み出される消費財に注目した。

ケインズの流動性選好説においては、ストックが重要な役割を演じている。流動性選好説では、利子率、ひいては資産価格の将来予想が重要な役割を果たす。つまり、『一般理論』の理論構造から、フローだけをみていても経済の動きはわからないという示唆が導き出される。

資産価格については、将来の価格予想が現在の価格を決めるという性質がある。人々は、将来値上がりすると思われるものを購入する。そして、多くの人々が購入することによって実際に値上がりする。これを予想の自己実現という。バブルにおいてはこのようなメカニズムが働く。土地神話などはその典型例である。

一九八〇年代において、日本企業は巨額の貿易黒字を計上し、日本の金融機関の総資産や時価総額は世界でも有数の水準を誇った。日本企業はニューヨークのロックフェラー・センター・ビルや著名な絵画などを次々と買収し、「ジャパン・マネー」は世界を戦慄させた。バブル経済における日本人の消費行動は、経済におけるストックの重要性の大きさを示している。当時の日本のバブル経済の熱狂は、フローの指標だけをみても説明がつかない。日本のGDPや日本人の所得が、現在と比べて特別大きかったわけではない。にもかかわらず、あれだけの繁栄を謳歌し、人々が豪遊できたのは、資産価格の上昇の影響が大きいと考えられる。

＊1　なお、ここでの事実関係のソースは主にKeynes, John Maynard, *JMK XII Economic Articles and Correspondence. Investment and Editorial*に収録されている各種資料である。

＊2　ある研究によると、二〇世紀初頭にロンドンのフラット

に住んでいた新婚の専門職の典型的年収は七〇〇ポンド程度で、一九〇九年に年収七〇〇ポンド以上を得ていたのは二八万世帯、総人口のうち上位三％に相当したという（長島伸一、『世紀末までの大英帝国　近代イギリス社会生活史素描』、二五一、二六〇ページ）。

＊3　那須正彦はケインズが一九一九年以前にも投機を行っていた可能性を指摘している（『実務家ケインズ――ケインズ経済学形成の背景』参照）。

＊4　エシャグは次のように述べている。「ケインズは価格安定政策と為替安定政策との対立に注意した最初の経済学者の一人であったという点は注目すべきである」（『マーシャルからケインズまで』、一一七ページ、注一一三）。

＊5　ケインズがインサイダー取引を行っていたか否かという点については以前から様々な議論がなされてきた。確かに、大蔵省退職後に、当時の同僚たちと投資会社を立ち上げるといった行為は、当時の法制度のもとでは合法であったとしても、現代の感覚からすると問題があると判断されるかもしれない。

　為替取引の場合、金融政策の変更に関する情報を事前にキャッチすることができれば巨万の富を得ることができるが、このようなかたちでケインズが利益を得た事例はみられない。例えば、大蔵省退職後に行った為替投機では、前述のように、ケインズはポンドが安くなることに賭けていたが、イングランド銀行の予想外の利上げによってポンドは急騰し、破産寸前にまで追い込まれている。もしイングランド銀行の利上げの情報を事前に知り得たならば、ポンドを売る理由はない。また、商品やアメリカ株についても、特別な情報を得られる立場にはなかったであろう。いまとなっては、真相は誰にもわからないが、少なくとも、残存の資料からは、不正な手段によって富を築いたと判断すべき根拠はない。

＊6　ジョン・メイナード・ケインズ、『貨幣改革論』、一〇五―一〇六ページ

＊7　インデックスファンドとは、S&P五〇〇やダウ平均などの市場平均（ベンチマーク）に連動するような値動きを目指す投資信託のことである。その設立は、一九七〇年代初頭であるといわれている。

＊8　Smith, E.L., *Common Stocks As Long Term Investments*, p.20

＊9　*Common Stocks As Long Term Investments*, p.22

＊10　*Common Stocks As Long Term Investments*, p.22

＊11　ジョン・メイナード・ケインズ、『世界恐慌と英米における諸政策――1931～39年の諸活動――』、三五六ページ

＊12　Keynes, John Maynard, *JMK XII Economic Articles and Correspondence. Investment and Editorial*, p.250

＊13　Chua, J.H. and Woodward, R.S., "J.M. Keynes's Investment

Performance: A Note", p.233

＊14 Moggridge, Donald Edward, *Maynard Keynes: An Economist's Biography*, pp.409-410

＊15 F・L・アレン、『オンリー・イエスタディ　1920年代アメリカ』、四四二ページ

＊16 *Maynard Keynes: An Economist's Biography*, p.585

＊17 Skidelsky, Robert, *John Maynard Keynes, Volume 2, The Economist as Savior, 1920-1937*, p.401

＊18 Fantacci, L., Marcuzzo, M.C.and Sanfilippo, E., "Speculation in commodities: Keynes's 'practical acquaintance' with future markets"を参照。

＊19 Keynes, John Maynard, JMK XII, pp.106-107

＊20 Walsh, Justyn, *Keynes and the Market*, pp.168-169

＊21 Keynes, John Maynard, JMK XII, p.101

第4章

投機をめぐる経済思想

本章では、投機をめぐる経済思想をいくつかの面から考察する。
ケインズの師マーシャルの投機論、
ケインズの有名な「美人投票」のメッセージ、
フリードマンの投機擁護論との違い等について論じ、
最後にケインズの投機論を現代のファイナンス理論のなかに
位置付けることで、ケインズの現代性を考える。

1　完全競争

投機の問題と経済学との関連を考えるにあたって、まず経済学における完全競争という概念について説明しておきたい。もし投機が市場メカニズムを体現しているとすれば、理論上、その行きつく先は完全競争の世界となる。

株式市場は完全競争市場か?

ミクロ経済学の教科書では伝統的に、完全競争市場の分析からはじめ、これをベンチマークとして不完全競争市場の分析へと移行する。完全競争という概念が歴史上、いつ頃から経済学の世界に登場してきたのか、あるいは、誰がこれを最初に考え出したのかは、よくわかっていない。強いて名前を挙げるなら一九世紀フランスの数学者クールノーであるが、クールノーの場合は現在の経済学とは逆に、独占から出発し、複占、そして「無制限の競争」へと進んでいく。その後、ジェヴォンズ、ワルラス、ヒックス、コースといった人々により彫琢が加えられ、いまでは経済学の共有財産として定着している。

では現実の社会における完全競争市場とは、例えばどのような市場がそれに該当するだろうか。株式市場は完全競争といえるだろうか。以下では、この問題を検討したい。結論を先に言うならば、きわめて競争的な市場は存在するが、厳密な意味での「完全競争市場」は理論上の虚構であって、現実には存在しない。

現代の経済学において、完全競争とは以下の五つの条件によって定義される。

一　売り手・買い手ともに無数に存在し、市場参加者はプライス・テイカーとして振る舞う
二　財の同質性・一物一価（非価格競争の排除）
三　情報・知識の完全性
四　参入・退出の自由
五　取引費用がゼロ

まず重要なのは、売り手・買い手ともに無数に存在し、すべての市場参加者がプライス・テイカーとして振る舞うという第一の仮定である。つまり、誰も価格に影響を及ぼすことはできない。この仮定のもとでは、買い手は交渉して値切ることはできない。なぜなら、完全競争市場で成立している価格とは、売り手が受け入れることのできる最低価格であり、売り手が値引きに応じないことでその買い手が購入を諦めたとしても、その市場価格で買ってくれる他の買い手がいくらでもいるからである。買い手が決定できるのは、その一定の市場価格でどれだけ買うかという需要量のみである。

一方、市場価格は買い手が払ってもよいと考える最高価格でもある。それよりも高い価格をつければ他の売り手に客をとられてしまう。かといって、それよりも安い価格では採算がとれない。既に下げられる限界まで価格は下がっているからである。そのため、売り手が決定できるのは、その市場価格でどれだけ供給するか、という供給量のみである。

したがって、完全競争市場においては、市場価格より高い価格で買おうとする買い手はおらず、市場価格より安い価格で売ろうとする売り手もいないため、売り手も買い手も、自分で決められるのは売買する量のみである。このとき、個別企業が直面する需要曲線の形状は水平となる。需要曲線が水平とは、一円でも値上げをすると買い手は全員他に流れてしまうという状況を表している。また、一円でも値下げをすると市場にいるすべての買い手が自分のところを選んでくれるようになる（ただし実際には、これ以上値下げをすると採算割れする損益分岐点まですでに価格は下がっているため、値下げが行われることはない）。これは、個々の消費者が自らの効用を最大化させるという合理的選択から導かれる右下がりの需要曲線とは別物である。

プライス・テイカーの仮定で重要な点は、価格に影響を及ぼせる市場参加者が存在しないということである。株式市場でこの仮定はあてはまるだろうか。実際には、巨額の資金を運用するヘッジファンドなどが、顧客の解約要請をうけて利益確定のため証券を売却する際など、値崩れしないよう時間をかけて少しずつ売っていく、といったことはあり得るだろう。一度に大量に売ると、価格が下がってしまうからである。これは、マーケットの規模が小さすぎて、価格に影響が出てしまうということを意味している。裏を返せば、その気になれば価格を動かせる潜在的な力があるということである。

例えて言うならば、現実の金融市場には、大きなクジラ（巨額の運用資金をもち、相場に影響を与える力をもつ機関投資家）と、その動きに追随する雑魚（個人投資家）がいる。現在では、「ミセスワタナベ」と称される個人投資家が無視できないウエイトを占めるようになってきているとはいえ、彼らは個人で相場を動かすことはできない。ただ、著名投資家がある銘柄を購入したというニュース、あるいは証券会社等が発表する投資格付けや目標株価の変更によって、個人の投資行動が影響され、価格を動かす力になることがある。そのきっかけをつくり出すのはクジラである。この例えでいうならば、もし株式市場が完全競争市場であるならば、価格に影響を及ぼせるようなクジラはいないということになるが、それは事実に反する。

二〇世紀末の日本の土地バブル崩壊時、また二一世紀初頭のアメリカの住宅バブル崩壊時には、不動産価格が大きく下落した。完全競争を前提とすれば、誰でも好きなだけ、望む価格で売りたいものを売ることができるが、実際には、皆が一斉に売ろうとすると、価格は暴落する。また単一の売り手であっても、大量に売ろうとすれば価格は下落せざるを得ない。

一見、意外に思われるかもしれないが、売れば下がり、買えば上がるというのは、完全競争とは異なる世界の話である。完全競争市場では、どれだけ売っても買っても、価格は一切変わらないからである。誰一人として価格に影響を及ぼすことができないのであれば、何が価格を動かしているのか、ということは実はうまく説明できない。強いていうならば、完全競争市場では価格は動かず、価格が動くような世界は完全競争ではない、ということになる。その意味では、完全競争とは、すでに競争が終わっている世界である。

完全競争の第二の条件は、市場で取引される財は同質的であるというものである。それは、供給者が違っても買い手はそれらのあいだで選り好みせず、あくまで同じ財とみなすということを前提としている。完全競争市場である限り、そのなかで競争しているA社がつくる製品とB社がつくる製品は無差別であり、消費者がいずれかのブランドを好むといった可能性は完全に排除されている。競争はもっぱら、価格が高いか安いかという観点からのみ行われる。これは裏を返すと、価格以外の手段による競争は行われない、ということでもある。そして均衡においては同じ財に対しては同じ価格がつけられる。これを「一物一価の法則」と呼ぶ。同じ財が異なる価格で売られていれば、消費者は安い価格を提示した売り手からしか購入しないからである。

そして第三の完全情報の仮定により、消費者はどこで誰が何をいくらで売っているかという情報をすべて知っている。現実には、企業の活動において広告やマーケティングは重要な役割を果たしているが、完全競争の世界では、企業は自社製品の特色をアピールしたり、何か差異化をはかったりということは一切せず、広告、マーケティングというものは存在しない。そもそも広告など出さずとも全消費者は全商品の情報を詳細に知っているため、アピールする必要もない。

さらに、現実にはたとえ安い店を知っていても、その店が遠かったり不便なところにあったりして、多少高くても近くの店で買うといったこともあるだろう。料金が安くて腕の良い美容師のいる美容室が北海道にあったとしても、九州在住の人が定期的にそこを利用するのは現実的でない。その美容室に通うのにかかる時間や交通費が取引費用である。現実にはありとあらゆるところに取引費用は存在している。ところが取引費用がゼロという仮定により、完全競争の世界ではこのような問題は定義により排除されている。

次節では、この一見、荒唐無稽にみえる完全競争論の含意についてもう少し議論したい。*1

完全競争論の含意

現実の経済には、厳密に定義された意味での完全競争市場は存在しない。歴史上、いかなる国においても、一度たりとも存在したことはなかった。完全競争モデルとはあくまで理論的に最も極端なケースとしてのベンチマーク、ひいては思考実験の材料である。とはいえ、この概念には重要な含意がある。それは、競争が進めば進むほど、利潤は減少し、ゼロに近付いていくということである。伝統的な経済学（マーシャルなどケンブリッジ学派はその限りではないが）は、合理的な経済主体を仮定し、そこから演繹を行う。合理的な企業の行動理念は利潤最大化である。競争市場において、企業は自らの利潤を最大にすべく全力を尽くすが、その結果、利潤がゼロになることが運命付けられているというのは何とも皮肉なことである。現実には黒字企業もあれば赤字企業もあり、すべての企業の利潤がちょうどゼロなどということはあり得ない。

利潤率が低下し、やがてゼロになってしまうのではないかという問題は既に一九世紀から議論されていた。誰も思い付かないようなアイデアで新しいビジネスを考え出しても、やがて模倣者が市場に参入してくる。その独占的地位を維持できるのは、何らかのかたちで参入障壁を設けることができる場合のみである。

消費者からすれば、企業が競争してくれると価格が安くなって恩恵を受けられるが、逆に企業にとって競争とはできるだけ避けたいものである。消費者であれ生産者であれ、少しでも安いものを求める姿勢は、ミクロ的には至って合理的であるが、マクロ的にはいずれ自分の首を絞めることにつながる。ミクロ的に合理的な行為を積み重ねてもマクロ的に合理的な結果が得られないという合成の誤謬の論理を経済学と結び付けて考えるところにケインズ経済学の大きな特徴があることは、本書で繰り返し論じてきたところである。

新興国との競争にさらされ、消費者が日々の買い物でより安いものを求めると、企業も価格を下げるためにコストカットが必要になり、人件費を切り詰め、正規雇用を減らし非正規雇用で代用したり、生産拠点を海外に移したりしなければならなくなる。あるいは逆に、企業がそのような行動をとることで、家計の所得は減り、安いものを求めざるを得なくなっていく。こうした悪循環のプロセスがどこから始まるにせよ、大きな問題であることに変わりはない。

2 マーシャルの投機論

ケインズは、完全競争論の文化のもとで育てられたわけではなかった。一九二〇年代のケンブリッジでは、スラッファのマーシャル批判を契機として、不完全競争論の研究が進展したが、それはマーシャルが完全競争論者であったことを意味するものではない。マーシャルは情報・知識の不完全性、取引コストの存在を十分認識していたし、またすべての市場参加者がプライス・テイカーであるなどとは考えなかった。

ケインズの投機観は、主にその実体験を通じて培われたものであると思われる。これについては先人の経済学者からの影響がいかほどのものであるかは定かではないが、本節では、ケインズの経済学の師であったマーシャルの投機観について検討しよう。[*2]

ハロッドは『ケインズ伝』のなかで、マーシャルとケインズの投機観について次のように述べている。

ケインズは、合理的な投機は社会を利するという伝統的教義によって育てられていた。それはマーシャルの見解であると同時に古典学派全体の見解であった。……彼〔ケインズ〕の父にとって、投機は道義に反することではないけれども、慎重さを欠く行動であった。……経済学者としては、ケインズももちろん、賢明な投機は有益な目的に役立つという教義に同意していたであろう。それは市場の変動を減少させる傾向をもつ。それは生産者ならびに消費者に信頼しうる道標を提供する。それは全経済体系をいっそう円滑にかつ能率的に機能させることができる。為替相場で儲けた投機家の利益についていえば、それはただ不成功に終わった人の犠牲において得られたものであって、しかも不成功に終わった人は、みずから進んで危険を冒したのであるから、失敗したところで彼の苦難は同情すべき真の苦難ではない。……彼自身の独創的な理論の発展において、彼は短期的な投機の有利な効果についていっそう疑念をいだくようになった。[*3]

このハロッドの評価には問題点が二つある。まず、マーシャルが投機を社会的善と考えていた、という理解は一面的であるし、投機が市場の変動を減少させるという理解はケインズの美人投票の議論と正反対である。後者については後述することにして、ここでは前者について論じる。

マーシャルの投機観は、ほとんど注目されることがないが、彼は投機の手口や論理に精通していた。そして投機の是非をめぐっては両義的な評価を行っている。

マーシャルの『経済学原理』最終章、「進歩と生活水準の関連」では、「投機の悪質な形態は、進歩に対する重大な妨害である」[*4]と述べられている。社会的進歩はマーシャル経済学の究極の目標であるため、それを阻害する「悪質な形態」の投機が社会的善であるはずがない。決して平坦な道ではないが、マーシャルは経済騎士道の社会的可能性により弊害が緩和されることを期待していた。

最大の富の多くが、真に建設的な仕事によるよりはむしろ投機によって創られたことは事実である。またそのような投機の多くが、反社会的な戦略と結びついており、さらに普通の投資家が指導を求める情報の邪悪な操作と結びついてさえいることがある。救済策は容易ではなく、決して完全ではあり得ない。単純な立法で投機を規制しようと求める性急な試みは、例外なしに、役に立たないか、害悪をもたらすことが判明している。*5

マーシャルの時代から一世紀経った二一世紀の現在でさえ、投機の規制は容易なことではない。現実の経済に精通していたマーシャルは、投機の害悪を認識しつつも、そこから短絡的に、投機を即座に規制すべし、と言うことはなかった。何が「投機」であるかを第三者が客観的に判別するのは非常に難しいからである。以下の一節は、健全なビジネスと投機はときに不可分のかたちで結び付いているということを鋭く指摘している。

……ほとんどすべての事業上の行動はかなりの量の投機を含んでいる。農家は天候の不確実性によって大きなリスクにさらされる。豊作でさえ市場が過剰供給に陥るリスクに対しては彼を守ってはくれない。

……事業を営むということは、あらゆる局面において投機的なリスクに直面するということである。[*6]

また、マーシャルはミクロの観点から、素人の個人投資家が玄人の投機筋の〝カモ〟にされやすい事情を指摘している。長くなるが、引用文をいくつか掲げる。

組織化された市場における取引は、無法な人々によって悪用されがちであり、それはさらに、事情に疎い投機家たちの愚かさによってしばしば助長されがちである。

……市場操縦的な投機には数多くの形態……がある。その主な方法は、需要と供給の一般的な状態について誤った意見をつくり出すことである。共謀者たちは、間接的な方法ではるかに大規模な量をひそかに買い取っている時に、それよりも少量の売りによって、価格を下落させようと努力しているように市場に思い込ませる。また逆に、実際には下落させる投機を企てている時に、表向きには買いに出る。明確に虚偽の情報を流すことは極端なやり方であり、即座に罰を受けるため、抜け目のない相場操縦者たちは一般に避ける。しかし、虚偽の暗示は主要な武器である。[*7]

すべてこのような場合に強力な共謀者たちは、作戦の初期の段階で、素人の投機家たちの愚行から大きな、しかし後者にとって決して本意ではない助力を得られることをあてにしている。というのは、そのような素人は、大規模な投機的取引をするなら、一般公衆の及び得ない知識で徹底的に武装する必要があることを悟らないからである。彼らは全くランダムに投機を行なうのではない。しかし彼らは、ランダムに投機を行なった場合よりも彼らにとって一層有害で破滅的な行動をとることになる。ある人が何らのバイアスなしにある不確実な問題のいずれかの側に賭けることに決めるとすれば、彼はもちろんその賭けに課せられる手数料を失うであろうし、これらの手数料は取引所の収入となるであろう。しかし彼は概してそれ以上のものを失うことはない。なぜなら、完全にランダムに行動するならば、正しい道を選ぶか間違った道を選ぶかは五分五分だからである。……

ところが無知な投機家たちは一般に、自分が最新の情報に基づいて行動していると考えがちである。ところが局外者の手に入る情報は、最新の情報であっても、ほとんどつねに、公衆のもとに到達する以前に情報通の人々によってそれに応ずる行動が既にとられており、その影響力を果し終わっているものである。それゆえに、彼らは騰貴よりは下落の方が起る可能性が一層大である時に買う傾向があり、また逆のことをする傾向がある。その結果、彼らは情報通たちが儲けた分だけ損をするであろう。*8

この言葉は、一〇〇年経った現在でも全く色褪せることのない核心をついた指摘である。ファイナンス理論でランダムウォークの説明がなされる際、ベテランのファンド・マネージャーが経験を駆使して最善と思う投資をしても、新聞の株価欄を広げて目隠しをした猿にダーツを投げさせて、あたった銘柄を買わせるのとパフォーマンスに違いはない、といった例えが用いられることがある。猿にダーツを投げさせるというのは、一切の主観を排してランダムに売買することの例えである。

また、マーシャルの後半の引用文は、現代風に読み替えるならば、メディアが特集を組んで買い煽りをする頃には相場の終わりが近く、そこから買っても高値掴みになってしまう可能性が高いというメッセージになる。

……素人の投機家は結局においては損失を被ることはほぼ確実である。

他方において投機家たちは時おり集団で事を運ぶことがある。各人は一般には入手できない情報を持ち寄り、彼らがしばらくのあいだ特別に関心を持つ特定の証券の先行きに、直接間接に影響を与えることができるかもしれない。そのような策謀は時おり多額の私的利益を生み出すが、概して公益を損なうものである。過去においては、世論は将来価格に関するほとんどすべての形態の投機を非難した。今日では投機の自由は、公益に大きく寄与していることが承認されている。しかし、投機が何らかの手段によって、特に誤った噂を流すことによって、価格を操縦することと結びつけられるならば、公衆に対する犯罪である。*9

この引用文は、マーシャルが株式市場は完全競争市場ではないと認識していることを示している。マーシャルの世界では、市場参加者は必ずしもプライス・テイカーではない。[*10]

一九世紀には伝統的に完全競争論が支配的であったのに対し、二〇世紀のスラッファのマーシャル批判を契機に不完全競争論が発展していった、という神話がしばしば語られるが、これは後ろ半分のみ正しい。当時の主流派経済学であったマーシャル経済学は、現代的な完全競争論とはほぼ何の接点ももっておらず、事実上、独占的競争に近い世界を想定していた。[*11]

マーシャルの後継者ピグーは景気変動において、事業予測の誤りという要素に注目している。株式会社制度の発展した現代においては、投資に関する予測を形成するのは事業経営者だけではない。その外部にいる金融市場参加者も予測を形成する。

経済行動の基礎になる投資予測を立てる業務が外部にも開かれている場合には、それに参加するのは職業的金融業者だけではない。それどころか、特別な知識や能力をまったく欠いた多くの一般公衆もそれに参加する。この一般公衆のもつ予測能力は、明らかに、通常の事業者の予測能力よりずっと低い。そのうえ、偽の情報を流すなどの方法によって、そのような素人参加者の予測を故意に誤らせることが職業的金融業者の利益になることもあり、通常、職業的金融業者はそれをおこなう力をもっている。[*12]

ピグーは、景気変動を増幅させる原因の一つを一般大衆の賭博に求め、大衆が株式市場にアクセスしにくいような制度設計を提案した。例えば、ドイツのように、額面価値一〇ポンド以下の株式に基づく新会社の設立を法律で禁止するといったアイデアを支持している。[*13]

3 ケインズとフリードマン

『貨幣論』における不確実性と投機

ケインズの投機論といえば、『一般理論』における美人投票の例えが有名であるが、それと同じ議論が実は『貨幣論』においても展開されていることはあまり知られていない。ここでは引用文を掲げながら、その概要を紹介しよう。[*14]

会社の株式の価値は、その既知の利潤もしくは予想される利潤の短期的な変動に対して、外部からの理性的な観察者にはまったく馬鹿げていると考えられるかもしれないほどに敏感であり、そして社債の価値でさえもそうであろう。[*15]

比較的遠い将来に関する知識の欠如は、最も事情に通じている投資家の場合でさえ、その持っている知識の量よりもはるかに大きく、したがって彼らは、最近の過去と近い将来とについて、彼らが確実に知っているか、またはほぼ確実に知っている僅かな事柄に対して、……強く影響されざるをえない。……もしこのことが、最も事情に通じている人びとについてそういえるとすれば、証券の売買に関係している大多数の人びとは、自分たちのしようとしていることについて、ほとんど何も分かっていないのである。彼らは、正当な根拠のある判断に必要な事柄についての、初歩的な知識さえ持ち合わせてはいないのであって、一時的な出来事によってたやすく引き起され、またわけもなく取り除かれるような希望と危惧との餌食である。[*16]

ここまでの議論は、マーシャルとほぼ同様である。といっても、この点についていえばケインズがマーシャルから影響を受けたというよりは、相場の世界に身を置いた人間であれば自然と体得する感覚であったであろう。ケインズは『貨幣論』以前にも、将来が不確実であるという趣旨の議論を度々行っている。[*17]

そして以下は美人投票の論理である。

最も賢明な人々にとっては、出来事の真の動向よりも、むしろ群集心理を前もって考慮し、不条理を予期してそれを真似ることの方がその利益になる。[*18]

この〔既発行株式の〕付随的な周辺部分は、大部分まで、専門的な金融業者——投機業者とよんでもよい——によって売買されるのであるが、彼らは、遠い将来の出来事の影響がその効果をおよぼすのに十分なほどに長く証券を保有していようとする意図は、全くもっていないのであって、その目的は、数週間もしくはせいぜい数ヵ月後に大衆に転売することである。……それ故に、大衆が、たとえ間違っているにしても、ある方向に動くと信じられうるかぎり、比較的事情に通じている専門家にとっては、それと同じ方向に行動する——短い時間だけそれに先んじて——ことが、その利益となるであろう。[*19]

これは、間違っているとわかっていても、あえてしばらくそれに乗っておくことが利益になるという意味において、『一般理論』の美人投票の議論とほとんど同じ主張である。

美人投票の含意

ケインズの投機観を表すものとして、頻繁に引用される非常に有名な一節を改めて見ておこう。

玄人筋の行う投資は、投票者が一〇〇枚の写真の中から最も容貌の美しい六人を選び、その選択が投票者全体の平均的な好みに最も近かった者に賞品が与えられるという新聞投票に見立てることができよう。この場合、各投票者は彼自身が最も美しいと思う容貌を選ぶのではなく、他の投票者の好みに最もよく合うと思う容貌を選択しなければならず、しかも投票者のすべてが問題を同じ観点から眺めているのである。ここで問題なのは、自分の最善の判断に照らして真に最も美しい容貌を選ぶことでもなければ、いわんや平均的な意見が最も美しいと本当に考える容貌を選ぶことでもないのである。われわれが、平均的な意見はなにが平均的な意見になると期待しているかを予測することに知恵をしぼる場合、われわれは第三次の領域に達している。さらに第四次、第五次、それ以上の高次元を実践する人もあると私は信じている。[*20]

ここで重要な点は、誰が優勝するかを決めるにあたって、本当に美人であるか否か、という実体は無関係であるということである。本物の美人（というのも恣意的な表現ではあるが、仮にそういうものがあるとして）が美人として評価されるのではなく、多くの人が美人だと考えそうだと皆が考える容姿を備えた人が、美人投票の勝者になる。

いうまでもなく、ここでいう「美人」とは良い会社のことである。良い会社とは、事業内容、財務状況、将来の成長性、などファンダメンタルズに照らして投資するに値すると思われる会社のことである。しかし、ケインズの美人投票の論理に従えば、玄人筋が買う銘柄はこういう会社の株ではない。

多くの人が美人だと考えそうだと皆が考える条件を備えた株というのは、現在、急速に買われていて値上がりしつつある株である。皆がもっと上がると信じている状況では、それに先立って買うという戦略が成立する。美人投票とは、現在でいうモメンタム投資であり、大衆の半歩先を行くという順張りの投機戦略である。

半歩先を行くというところが重要であって、あまりにも先を行きすぎても意味がない。一〇年後、二〇年後に大きな成長を遂げると思われる会社に長期的観点から投資することには意味があるだろう。また社会的意義もあるだろう。しかし短期の投機目的でそういう銘柄を買っても目先のリターンは期待しにくい。割安であっても、誰も注目しなければ、目先、株価が上昇することはないからである。本当の美人に育つ可能性を秘めていても、他の市場参加者が同じ意見をもっていなければ、不人気のままであり、コンテストで勝者に選ばれることはないのである。

彼らの関心は、投資物件を「いつまでも」保有するために買う人にとってそれが本当にどれだけの価値をもつかということではなく、三カ月後とか一年後とかに、市場が群衆心理の影響のもとで、それをどれだけに評価するかということである。……われわれが予想収益から考えれば三〇の価値があると信ずる投資物件に対しても、もし同時に三カ月後に市場でそれが二〇に評価されると信ずるなら、いま二五を支払うことは賢明ではないからである。[*21]

例えば、ファンダメンタルズに照らして分析すると、この会社の適正株価は五〇〇円くらいだと判断される場合であっても、この株が近い将来一〇〇〇円まで値上がりするという確信がもてる場合には、例えば七〇〇円で買うという行為は合理的である。[*22] 上がりそうな株を、上がりはじめに買うというのが美人投票の含意である。

ただ、ケインズはこうした美人投票の投機を推奨しているわけではない。単に、玄人の投機筋の集まるマーケットではどのようなことが行われているかを、経験に基づいて描写しているだけである。[*23]

投機は経済を安定化させるか？：フリードマンとケインズの投機観

ここで、フリードマンの有名な投機擁護論に注目したい。これは変動相場制擁護論の文脈で登場するが、投機を擁護する議論の代表的なものである。

フリードマンによれば、「変動為替相場を擁護することは、不安定な為替相場を擁護することと同じことではない」。変動為替相場制のもとで、為替相場は自由に変動するが、それでいてきわめて安定した世界である。[*24]

変動為替相場制のもとでは、国際収支の黒字の傾向が生まれると、為替相場は上昇する傾向がある。為替相場の上昇が一時的なものと予想される場合には、高騰した通貨を売って、後に安くなったところでその通貨を買い戻す誘因が働く。逆に、為替相場が下落し、その下落が一時的なものと予想される場合には、下落した通貨を買い、後に高くなったところで売る誘因が働く。このような「投機的」取引は、調整弁の役割を果たす。他方、長期にわたりそうなファンダメンタルズの変化によって為替変動が生じたとみなされる場合には、投機的取引は新しい均衡への移行を促進する役割を果たす。いずれにせよ、為替相場の自由な変動は、「緊張が累積し、危機が高まる前にそれを矯正する動きを生み出す」傾向がある。

これに対し、固定為替相場制は、原則として為替相場を固定しておき、問題が生じた場合に変更を認める制度である。フリードマンの考えでは、固定為替相場制は、投機攻撃を誘発する最悪の制度である。

ある通貨がいずれ切り下げられると予想される状況にあるとする。当局はそれをできるだけ引き延ばすため、切り下げはすぐには実行されない。その間、投機筋はその通貨を売る。そして、いずれ平価が切り下げられた後に、買い戻すことによって、為替差益を得ることができる。固定相場制、あるいはそれに準ずる制度がとられていた国々で、投機攻撃にさらされ危機に陥った国は歴史上、枚挙に暇がない。

資本移動は直接統制によって制限することができると主張しても、この議論に対する回答にはならない。というのは、固定為替相場制を利用する究極的な目的はまさにそのような制限を避けることにあるからである。[*25]

単に直接統制が行われているということだけで、……その国の通貨の保有者に通貨の利用に関して制限を課すから、その通貨は多くの目的にとって望ましくないものとなる。そして、その通貨に対する需要は大きく減少する。[*26]

ここでフリードマンがいう投機は、市場の論理そのものといってもよいだろう。フリードマンの変動相場制擁護論とは、とりもなおさず市場メカニズム擁護論でもある。

外国為替市場における投機が不安定性を増大させるという主張に対するフリードマンの反論をみてみよう。「投機業者は為替相場の下落をさらにそれが下落する信号とみなすから、したがって投機が行われない場合に比べると、投機業者は為替相場の動きをいっそう激しくさせる傾向があるといわれる[*27]」。しかし、フリードマンは、その主張は疑わしいという。むしろ、「一般に投機は安定をそこなうというよりむしろ安定に寄与しているように思われる」と述べている。[*28]

投機は一般的に不安定化をもたらすものであると主張する人びとは、その主張が投機業者は損をするものだという主張とほぼ等しいことをほとんど認識していない。というのは、一般に投機が不安定化要因となりうるのは、平均して投機業者が通貨の価格が低いときに売り、高いときに買うばあいに限られるからである。[*29]

実際には、専門の投機業者は平均して儲けているのに対し、素人はきまって大損をする、という。つまり、フリードマンは、投機家は安いときに買って高いときに売るため経済を安定化させると考えている。投機とは、市場を安定化させる良い行いだというのである。下がったところで買うというのは、典型的な逆張りの手法である。

ただし、投機とは逆張りでのみ行われるものではない。ケインズが「美人投票」で想定している投機家は、それとは正反対に、高いときにもっと高くなると期待して買い、安い時にもっと安くなると期待して売る。そのため、ボラティリティを増幅させる。

投機が経済を安定化させるとみるか、不安定化させるとみるかは、逆張りと順張りのどちらの側面を強調するかにかかっている。

4 ファイナンス理論とケインズ経済学

本節では、相場に対する様々な見方に対して、ケインズ経済学の観点からどのようなことがいえるかについて、また、ケインズの投資哲学の含意について、考えてみたい。

相場におけるテクニカル分析と美人投票

証券アナリストのなかには、テクニカル指標をベースに相場の予測を行う人も多い。移動平均線やボリンジャー・バンドといった言葉はマーケット関係の番組でも耳にする機会があるだろう。さて、そのようなテクニカル指標に意味があるかといえば、意見は真二つに分かれる。重要なツールとして信を置く人もいれば、何の根拠もないオカルトとして一蹴する人もいる。どちらが正しいかをめぐっては夥しい議論が存在し、それぞれに言い分があるだろう。

テクニカル分析では、過去の値動きを表すチャートがある特定のかたちを示すと、「買い」のサインであり、その状況では上昇しやすいといわれる。しかし他方、「騙し」もあるので注意、ともいわれる。さて、現在の状況が本物なのか騙しなのかを判断する材料は何もない。誰も教えてはくれない。騙しであったか否かは、後になって初めてわかる。だとすれば、予測の材料としてはほとんど役に立たないことになる。

また、しばしば「市場はつねに正しい」といわれる。この命題が、市場が出した結果がすべて、ということを意味するのであれば、これは確かに間違ってはいないが、何の情報をも含んでいない空虚な言明である。買いのサインが出たら買い、といった格言通りにやれば儲かるというのであれば、相場で負ける人はいない。

例えば、ある証券アナリストが「この期間中の過去一〇年の日経平均のパフォーマンスをみると、一〇回中八回は上昇しており、その上昇率は平均して三パーセント程度です」といった発言をしたとしよう。これが実際の過去の統計データに基づいた発言であるならば、それ自体はもちろん正しいであろう。情報提供者として、アナリストは仕事をしたといえるだろう。しかし、それを真に受けて投資をすれば、八〇パーセントの確率で儲かるかといえば、そのような保証は何もない。過去に高頻度で起こったことが将来にも起こるとは限らない。今回がその一〇回のうち二回の下落ケースになるかもしれない。また、過去に起こらなかったことが、将来にも起こらないとは断言できない。たとえ過去一〇回中一〇回中上昇していたとしても、次の一一回目には下がるかもしれない。第1章で議論した「ヒュームの問題」であり「帰納の誤り」である。ブラック・マンデーのような危機は、突然やってくる。

この議論は、ケインズの美人投票の問題を考えるうえで、手掛かりになる。相場予想やテクニカル分析は無意味だろうか。そう考える人もいる。しかし他方、熱烈な支持者もいる。確かに、テクニカル分析は、科学的には何の根拠もないかもしれない。しかし、一定の支持者がいるのは、そこに何かしら人を魅了するものがあるからである。テクニカル分析による予測が的中する（ように見える）場合、そのロジックとして、単なる過去の客観的な事実だけではない心理的な側面が関係している。サイコロを振って五回連続で一が出たとして、その事実は、次にどの目が出るかと何も関係がないことは誰にでもわかる。しかし、相場の場合は、過去の事例は将来の事例と完全に独立とはいい切れない。これには、多くの人がそうなると信じていれば、実際そのようになるという予想の自己実現的性質が関係している。もし多くの人がテクニカル分析を参照し、それを信じているならば、買いのサインが出れば、実際に買うであろう。そして、多くの人が買えば、まさにその事実によって、本当に上昇するのである。したがって、テクニカル分析とは、群集心理と密接に関連した投機のアプローチであるといえる。

ファンダメンタルズ分析と不確実性

テクニカル分析と対になるものとして、ファンダメンタルズ分析がある。株式投資でいうと、その企業のファンダメンタルな価値に照らして、本来あるべき株価を見定め、割安なときに買って、割高になったら売る、という考え方であり、逆張りの投資戦略である。テクニカル分析によれば、極端な話、売買をするにあたって必要なのはチャートの動き（過去の値動きのパターン）だけであり、その会社がどのような経営理念をもち、どんなビジネスをしているかなどは知る必要すらない。それに対し、企業の内容や将来性に真摯に向き合うという意味では、これは一見、堅実な投資方法にもみえる。

しかし、この分析が成り立つ前提として、ある株式の本当の価値、正しい価値とでもいうべきものが、推定できなければならない。ファンダメンタルズ、企業の適切な価値には、将来の利益や配当なども大きく関わってくる。いま儲かっている企業が三年後、五年後も同じように儲かっているという保証はない。株価は将来を織り込む。これまでがどうだったかということはあまり関係がない。

すると、適正な株価というものが将来の予想収益に依存する以上、そこには不確実性が入り込む。ファンダメンタルズという一見、堅実な基礎のように思われるものが、実は砂上の楼閣であったということが判明することもあり得る。

例えばアナリストが「現在、日経平均のPERは一三倍台で、割安感があります」といった発言を行うとする。[*30] これはその限りでは正しいかもしれない。しかし問題は、このPERはあくまで過去のデータに基づいて算出された数字であり、割安という評価があてはまるのは、各企業の利益について今後も少なくとも同じような水準が続くという前提に立った場合のみであるということである。外部環境の変化、例えば為替が円高に振れるなどして大幅な減益に見舞われれば、現在の株価水準であっても一転して割高ということになってしまうこともある。

ここで、再びケインズの金言を引用しておきたい。

顕著な事実は、われわれが予想収益を推定するさいに依拠しなければならない知識の基礎が極端に当てにならないということである。投資物件の数年後における収益を規定する要因について、われわれの知識は通常きわめて乏しく、しばしば無視しうるほどである。率直に言えば、われわれはある鉄道、銅山、繊維工場、特許薬品ののれん、大西洋定期船、ロンドン市の建物などの一〇年後における収益を推定するに当たって、われわれの知識の基礎がほとんどないか、ときにはまったく無であることを認めなければならない。[*31]

本来の株価、適正株価というものも、所詮は将来の予想収益から推定されるものであって、不確実な世界に住んでいる我々にとって、その根拠は意外に脆弱なものであるかもしれないということである。

バリュー投資

ケインズが生涯のなかで最も良好な投資パフォーマンスを記録した時期に採用していた手法は、現在、バリュー投資と呼ばれているものに相当する。上の分類でいうとファンダメンタルズ分析に分類される。バリュー投資といえば、一般にはベンジャミン・グレアムの名と結び付けられており、また現在では、ウォーレン・バフェットを想起する人も多いかもしれない。

美人投票の例でいうと、PERやPBRといったファンダメンタルズに注目し、将来の成長が見込める優良企業の株を割安なときに購入して長期保有するという戦略である。

ケインズが『一般理論』で引き合いに出した美人投票の戦略と、ケインズが実際の財産を築いたバリュー投資の戦略は、正反対なものであることに注目したい。

成長が期待されPERが高い銘柄は、美人、割高株、みんなが買っている人気の銘柄、ということになる。バリュー投資の目線でいうと、PERが低いというのは割安で、プラス評価だが、美人投票の投機目線でいうと、PERが低いというのは不人気株で、マイナス評価になる。誰も投票しないような人に入れても勝てないからである。

美人投票ゲームは、いま現在、最も美しいと多くの人が思っている（と思われている）人に投票するゲームであるのに対し、バリュー投資は、むしろ現在は美人とは思われていない（割安）が、将来美人になりそうな（値上がりしそうな）銘柄を青田買いし、美人に成長するのをじっくり待つ、という戦略といえる。

そのため、ケインズは、手掛ける銘柄の数を厳選した少数に絞ることを推奨している。

私は一〇のくず株を買うよりも良い株を一つ買う方が好みです……ほとんど、あるいはまったく知らない株を一〇銘柄買うよりも、判断を下すに十分な情報をもっている銘柄に投資することを好みます……私の目的は、資産価値と究極的な収益力について満足でき、かつ市場価格がそれに照らして割安に感じられる証券を買うことです。*32

これは美人投票の議論と矛盾する発言であると感じる人もいるかもしれない。しかし、ケインズが『一般理論』の美人投票の例えで言っているのは、現実の株式市場では、玄人筋はそのようなことを意識しながら相場を張っているという典型的事例の指摘であり、むしろそれを批判の対象としている。決して美人投票のマネーゲームを推奨したわけではない。

ケインズは個人として相場を張る他、機関投資家としても重要なプレイヤーであった。個人投資家の場合、時間の制約がない、好きなタイムスパンで投資をすることができるというのが最大の強みである。それに対し、機関投資家の場合には一定期間ごとに運用成績を報告しなければならず、限られた期間で結果を出すことが求められる。しかし、ケインズは、長期投資こそ、株式投資のあるべき姿であると考える。

相場が底を打ったときに株式を持ち続けていても恥とは思いません。下落相場から急いで逃げ出すべきかどうか、あるいは保有する株式が値下がりしたら非難されるだろうかと絶えず考えるのは、機関投資家や他の真剣な投資家の仕事ではないし、ましてや義務でもありません。それだけではありません。時には保有する株式の値下がりを、自分を責めずに平然と受け入れることは、真剣な投資家の義務であると考えています。それ以外の方針は反社会的であり、確信を破壊し、経済システムの仕組みと相容れないものです。投資家は、主に長期的な結果を追求していますし、また追求するべきです。そして長期的な成果だけで判断されるべきです。全般的な下落相場において値下がりした株式を保有しているという事実は何を証明するものでもありませんし、非難の対象になるべきでもありません。*33

ケインズの考え方で重要なことは、市場ではかなり長いあいだ不合理な状況が持続することがある、という点である。このことをケインズは、第一次世界大戦後の為替投機において身をもって学んだ。割安な銘柄が、長期にわたって割安なまま放置され続けるということはあり得る。それに耐えられないような大きなポジションをとるべきではない。

短期の市場変動を無視しようとする投資家は安全のために多額の資金を必要とし、借入資金をもってする場合には、やるにしてもあまり大規模な操作をしてはならないのである。*34

実際、ケインズは晩年においてはレバレッジを下げた堅実な投資スタイルに移行している。

効率的市場仮説

市場の効率性をめぐる議論は、伝統的な経済学の領域だけに限ったことではなく、証券アナリストやファイナンス理論の研究者のあいだでも、数多くの論争が重ねられてきた。一九九〇年以降、ファイナンス理論の業績に対してノーベル経済学賞が授与されている事実は、この分野の重要性がアカデミズムの世界でも認知されるようになった状況を反映している。

先述のテクニカル分析とファンダメンタルズ分析は、対極にあるようにみえるが、勝つための投資戦略を考える意味がある、と考える点では共通している。つまり、相場のプロは素人よりも高いパフォーマンスをあげることができる、とみる点ではどちらも同じである。相場の勝敗には「運」だけではなく「実力」が関係しているという立場である。マーシャルやケインズも、玄人の投機筋と素人では発想法や行動原理が異なることを指摘していた。フリードマンも同様である。

こうした見解を否定する立場に、ランダムウォーク理論、そして効率的市場仮説がある。

ランダムウォークとは、過去の動きからは、将来の動きを予測することはできないことを表す言葉である。これは、短期的に株価の動きを予測することは不可能である、ということを意味する。したがって、過去の株価の動向であるチャートをいくら分析したところで、得るものは何もないというのがこの立場の考え方である。市場は必ずしも厳密な意味でのランダムウォークに従うとは限らないが、株価を予想するのが困難であるというのは正しい。

これと密接に関係するのが効率的市場仮説である。効率的な市場とは、市場価格がファンダメンタルズを適切に反映している市場である。市場が効率的であると考えられる根拠は、裁定取引の存在である。個々の投資家単位でみれば、非合理な行動をとる者もおり、市場に歪みがもたらされることもあるが、裁定が働くことにより、歪みは解消され、効率的な株価が維持される、というのが効率的市場仮説の考え方である。

効率的な市場では、入手可能な情報はすべて市場価格に織り込まれているため、継続的に市場平均を上回るようなパフォーマンスをあげ続けることはできない。効率市場仮説の考え方に基づけば、恣意的な売買を繰り返すのではなく、市場平均に相当するインデックスファンドを買って長期保有するのが最適な投資戦略ということになる。

ファーマは効率的市場仮説をウィーク型、セミストロング型、ストロング型の三つに分類した。ウィーク型は、過去の価格のデータを用いて市場平均を上回るパフォーマンスをあげることはできないという意味での効率性である。ここからは、価格の時系列データには意味のあるパターンなどなく、テクニカル分析は全く無意味であるという主張が出てくる。過去の株価の動き（チャート）をどれだけみても、株価はランダムに動くため、将来予測の役には立たない。

セミストロング型は、公開情報を用いて市場平均を上回ることはできないという意味での効率性である。この立場に立つと、効率的な市場においては、公開された情報は瞬時に株価に織り込まれるため、企業の利益や配当、成長見通しといった情報を重視するファンダメンタルズ分析もまた無意味ということになる。

ストロング型は、インサイダー情報を入手できる投資家でさえ、市場平均を上回ることはできないという意味での効率性である。[*35]

市場が効率的であるということの意味を有名な例え話を使って説明すると、以下のようになる。道端でお札が落ちているのを発見した学生が、ファイナンス理論の教授にその旨を報告した状況をイメージされたい。教授はこう答える。「そんなものを拾うのはやめておきなさい。そのお札は偽物に違いない。なぜなら、もし本物だったならば、とっくに誰かが拾っているはずだから」と。ここでお金を拾うという現象が、金融市場で裁定のチャンスをものにするという状況に対応している。この例え話は、ある出来事（誰かがお札を落とした）に対する反応速度（それを別の人が拾う）をどの程度であると想定するかによってリアリティが変わってくる。必ず瞬時に誰かが拾うため、いかなるときでもお金が落ちていることは決してない、という想定はかなり極端ではあるが、いずれ誰かが拾うであろうから、ずっと落ちたままになっていることはないだろう、という主張であれば、それなりに説得力がある。

効率的市場仮説においては、市場ではつねに適正価格がつけられていると考えるため、割安や割高といった概念がない。したがって、買い場というものはなく、いつ買ってもよいということになる。これは、売買タイミングが重要であるとするテクニカル分析やファンダメンタル分析の考え方とは対照的である。また、そこからの論理的必然として、バブルというものも定義によって存在しない。最も強硬かつ厳格に効率的市場仮説を適用しようとするならば、本章冒頭で説明した完全競争のような極端な立場になってしまう。歴史上、バブルというものは一度も存在したことがないし、これからも存在することは決してない、と。もちろん、これはバブルという概念をどう定義するかにもよるが、そうした主張に支持は得られにくいであろう。実際、効率的市場仮説を信奉する人のなかでも、このような極端な立場は少数派であると思われる。

フォックスは次のように述べている。

新しい千年紀の初めには、ファーマが本当に支持していたものは、昔のランダムウォーク理論だけになった。いや、その言い方でさえ正確ではない。ファーマはベノワ・マンデルブロの弟子だった時期があり、市場はランダムウォークには完全には従わないことを誰よりもよくわかっていた。ファーマは市場の動きは予測するのが難しいと言っていただけだった。しかし、リチャード・セイラーもそう言っていたのである。[36]
ケインズときわめて近い市場観をもっているのが、ジョージ・ソロスである。

ケインズは、株式市場を美人コンテストになぞらえてそれを立証した。その勝者は、最も美しい候補者ではなく、美しいと思った人々の数が最も多い候補者である。私がそこに重要なことを付け加えるとしたら、欠陥を探す価値はあるという点である。……このアプローチが効率的市場仮説や合理的期待理論と相反しているということは、強調するまでもない。後者は、市場は常に正しいと主張する。市場はほとんど常に間違っているが、たいていの場合は自らを正当化することができる、というのが私の持論である。[37]

裁定の限界

市場の効率性を脅かすものは、アノマリーと呼ばれる。多くの市場参加者は、自分が正しい情報に基づいて売買していると信じているが、実際は必ずしもそうではない。ノイズ・トレーダーが数多く存在すると、資産価格に大きな歪みが形成される。
その歪みを解消するものこそが、裁定（アービトラージ）である。市場が効率的か否かを考えるうえで、裁定がつねに働くかどうかが論点になるが、現在においては、裁定には限界があることも指摘されている。

ひとつには、先述のように、市場ではかなり長いあいだ、不合理な状況が続くことがある。バブル相場の初期に、割高であると判断して空売りをすれば、割高と思われたものがさらに値上がりして大損をしてしまうことがある。

ケインズの美人投票の論理は、裁定を阻害する要因になり得る。

皆がバブルに踊っているとき、ファンド・マネージャーがそれに乗らないという選択をすることは難しい。仮にそれが本当は顧客の資金を守るための健全な判断であったとしても、チャンスに儲けられない無能のレッテルを張られ、クビになってしまうかもしれない。それならば、危険とわかっていても、足並みを揃えて乗っておくことが、個人の保身という観点からは合理的ともいえる。それで失敗したとしても、そのときは周囲もまた同様に失敗している可能性が高いからである。

ケインズは、「世俗的知恵が教えるところによれば、世間の評判を得るためには、慣行に従わないで成功するよりも慣行に従って失敗した方がよいのである[*38]」と述べている。

行動ファイナンス

効率的市場仮説に批判的な立場をとる有力なアプローチに、行動経済学や行動ファイナンスがある。伝統的な経済学では、合理的な個人を想定し、そこからの演繹的推論によって理論を組み上げていくが、それでは説明のつかない現象が多々存在する。行動ファイナンスは、不合理な人間行動に注目し、現実の人間は市場においてどのような行動をとるかを分析する。

行動ファイナンスは、例えば、利益の出ているポジションについて、すぐに利益確定したがる人間心理や、損失の出ているポジションについて、なかなか損切ができない心理などをうまく説明することができる。

行動ファイナンスについては、興味深い事例を紹介した書籍がたくさん出ているため、詳細はそちらに譲りたい。

名目値と実質値

行動ファイナンスは比較的新しい研究分野であるが、伝統的な経済学においても、人々が錯覚を起こす事例はたくさん研究されてきた。その代表例が、名目値と実質値の問題である。

マーシャルは、一八八七年に実質利子率と名目利子率の区別について明確に論じている。[*39] 現在、経済学でフィッシャー方程式（実質利子率＝名目利子率－期待インフレ率）と呼ばれている著名な式で表される関係をいち早く指摘したのが、このマーシャルである。

銀行預金や定期預金のような元本保証のある金融資産は、リスクをとることを好まない人々に重宝される。しかし、元本保証とは、預けた資金が名目上は減らずに返ってくるということは意味しても、損をしないということを保証するものではない。実質ベースでは損をすることは十分にあり得る。例えば一〇〇万円を定期預金した場合、満期になれば一〇〇万円に（金利がプラスであれば）利息が上乗せされて返ってくる。元本割れしないという意味では、原則として名目上、損をすることはないように見える。しかし、名目金利を上回るペースで物価が上昇すれば、預けた資産はその期間中、目減りしてしまう。これによって損をしたと感じる人は少ないが、それは心理的なバイアスによるものである。

簡単な例を挙げると、いま手許に一万円あり、それをすぐに使うことを選べば、一万円のシャツを買うことができる。しかし、いま使わずに金利二パーセントで一年間預金することを選択したとしよう。税金等を無視すれば、一年後には利息がついて一万円は一万二〇〇円に増えている。しかし他方、その一年で物価が三パーセント上昇したとすると、一年後にはシャツは一万三〇〇円に値上がりしている。つまり、一年間、預金として運用し、一年後に同じものを買おうとしても、手持ちの一万二〇〇円では同じシャツが既に買えなくなっているのである。これは、元本一万円の価値が、名目上は増えたにもかかわらず、実質的には目減りしてしまっていることを意味している。

もちろん、インフレのときに資産価値が実質的に多少目減りしても、リスク資産に投資することなく元本保証の方を好むというのも、それはそれで一つの見識であり、納得したうえでそのような行動をとることには何も問題はない。投資に失敗すれば、そのわずかな目減り以上に資産を大きく減らしてしまうこともあるからである。

人間というものは一般に、名目価値にこだわり、実質価値を軽視する傾向がある。このことは、ケインズも『一般理論』で指摘していることである。人は名目賃金のカットには大きく抵抗するが、インフレによる実質賃金の低下にはあまり抵抗は示さない。

例えば、実質ベースで考えれば、物価一定のもとで時給一〇〇〇円を時給九五〇円にカットされる（名目賃金が五パーセント低下、実質賃金も五パーセント低下）ケースと、物価が一〇パーセント上昇しているときに名目賃金が一〇〇〇円から一〇二〇円にアップする（名目賃金が二パーセント上昇、実質賃金は約八パーセント低下）ケースでは、後者の方が状況は悪い。しかし、人々の主観的な満足度では、おそらく後者の方が高く、前者の方が不満は出やすいであろう。後者は名目的にはわずかとはいえ上昇しているからである。

人が元本保証を過度にありがたがる傾向があるのは、名目価値にとらわれるためである。名目値でゼロ以上か以下かという境界線は、実質的には大した意味のない区分であるが、心理的には非常に大きな節目なのである。

経済学の教科書が分析の出発点として想定する合理的経済人は、合理的な判断を行うことができる（ここでの議論に即して言うならば、実質ベースで考えることができる）と仮定されているが、実際の人間はそれほど合理的というわけでもないことは、様々な事例が示しているところである。

もしある人が一〇〇万円で購入した株式や投資信託などの金融商品の価値が九〇万円になってしまったら、大損をしたと感じるかもしれない。一〇万円の損失である。この場合、名目値で元本は一〇パーセント減少している。

他方、同じ人が三〇〇円の宝くじを一〇枚買って三〇〇〇円払い、一枚だけ三〇〇円が当たって戻ってきた場合、元本の九〇パーセントが毀損したにもかかわらず、平然としているということも多い。あまつさえ、連番で買うと一枚は確実にあたるからお得、といったことまで言い出すかもしれない。

投資資金の一〇パーセントを失って青い顔をしている人が、別のケースでは資金の九〇パーセントを失ったにもかかわらず平気な顔をしているというのは、経済学的にはきわめて非合理的な行動である。この心理を分析したフリードマン&サベッジの研究がある。[*40] 少額の場合は損をしてもたかがしれていると考え、危険愛好的な行動をとりやすく、額が大きくなるにつれて危険回避的な態度をとる人が増える、という仮説である。

宝くじの場合は、購入資金が比較的少額であり、もともと全部なくなってもよいと割り切っているため、笑って済ませられるのであろう。同じ人が宝くじを一〇〇万円分購入したとしたら、同じように は笑っていられないかもしれない。金額によって、人間の意思決定が整合的でなくなる事例は、日常生活においてしばしば観察される。

投機とファイナンス理論

ここで本章の議論をまとめておきたい。フリードマンは、投機は価格の安いときに買い、高いときに売るため、市場を安定化させる働きがあると主張した。しかし、投機とは逆張りでのみ行われる場合ばかりではない。ケインズの指摘する美人投票とは、値上がりしている銘柄を、目先もっと高くなりそうだという予想のもと購入する、あるいは値下がりしている銘柄を、もっと下がりそうだという理由で空売りする、「順張りの投機」戦略である。このような場合、投機は市場のボラティリティを増幅させ、市場を不安定化させる。

投機が経済を安定化させるとみるか、不安定化させるとみるかは、逆張りと順張りのどちらの側面を強調するかと関係している。

順張りにしても逆張りにしても、投機という行為はミクロ的には一定の合理性をもっているが、とりわけ順張りの投機は、マクロ的に合理的とはいえない結果をもたらすことがある。

過去の値動きのパターンから将来を予測するテクニカル分析には、科学的根拠は乏しいが、金融市場には予想の自己実現という側面があるため、多くの人がそれを信じて売買するならば、実際にあてはまるようにみえる場合がある。これは、群集心理の問題である。

ケインズの立場からこの問題を考えると、過去の経験をもとに正確な将来予測を行うことはできない、という意味においては、不確実性の観点から、テクニカル分析は否定される。他方、群集心理を利用するという美人等投票の観点からは、テクニカル分析は、たとえ間違っていたとしても一定の利用価値があるともいえる。

企業のファンダメンタルズは、将来の予想収益に依存する。ＰＥＲやＰＢＲといった指標も、所詮は過去の歴史にすぎず、将来同じ収益が続く保証は何もない。適正株価という概念も、不確実な世界では砂上の楼閣となる可能性もある。

テクニカル分析にしても、ファンダメンタルズ分析にしても、プロが素人よりも高いパフォーマンスをあげることができる、とみる点ではどちらも同じである。相場の勝敗には「運」だけではなく「実力」が関係しているという立場である。マーシャルやケインズも、玄人の投機筋と素人では発想法や行動原理が異なることを指摘していた。

こうした見解を否定する立場に、ランダムウォーク理論、そして効率的市場仮説がある。ランダムウォークとは、過去の動きからは、将来の動きを予測することはできないことを表す言葉であり、これは、短期的に価格の動きを予想することは不可能である、ということを意味する。

市場が効率的であると考えられる根拠は、裁定取引の存在であった。個々の投資家単位でみれば、非合理な行動をとる者もおり、市場に歪みがもたらされることもあるが、裁定が働くことにより、歪みは解消され、効率的な株価が維持される、というのが効率的市場仮説の考え方である。しかし現在では、裁定の限界を指摘する研究もあり、その是非をめぐっては様々な議論がある。市場の効率性や人間の合理性に対して懐疑的な見方をとる行動ファイナンスは、ケインズの考え方と親和性をもっている。

＊1　井上義朗は『二つの「競争」　競争観をめぐる現代経済思想』で、競争論について、コンペティションとエミュレーションという観点から非常に興味深い議論を展開している。

＊2　投機が経済変動のボラティリティを高める論理については、J・S・ミルやマーシャルが詳しく論じている。これについては伊藤宣広『ケンブリッジ学派のマクロ経済分析――マーシャル・ピグー・ロバートソン――』第3章を参照。

＊3　ロイ・ハロッド、『ケインズ伝［上］』、三四二ページ

＊4　アルフレッド・マーシャル、『経済学原理（四）』、三一二ページ

＊5　『経済学原理（四）』、三一二ページ

＊6　アルフレッド・マーシャル、『貨幣信用貿易（一）』、一二七ページ

＊7　アルフレッド・マーシャル、『産業と商業（二）』、一〇八－一〇九ページ

＊8　『産業と商業（二）』、一一一ページ

＊9　『貨幣信用貿易（一）』、一二六－一二七ページ

＊10　関連して、マーシャルの『貨幣信用貿易』から引用文を掲載しておく。「株式取引所は現代の産業と商業にとって必要な補助者である。取引所が公衆にもたらす大きな貢献は、おそらく、それがひき起す害の何倍にも達するであろう。しかし、取引所がもたらす真の貢献は、取引所で行われる取引量に応じて変化するわけではない。また素人の投機家は、公衆に何らの利益ももたらすことなしに自らの富を失っているように思われる。

……未熟な投機家は、株式取引所で株価が決められる企業の稼得力の一時的な変化に対して、あまりにも大きな重要性を認めがちである。抜け目のない投機家はそのような洞察力の欠如を利用して利潤を獲得しようとし、どんな証券であれ、価格が過度に上昇しつつある時に売る。……無知な投資家は、おそらく一過性の不運の全結果がいかに迅速に取引所で株式の価値に織り込まれるかを理解しないために、彼［抜け目のない投機家］が買う時に売ってしまう。そのようにして彼の術中に陥ることになる。実際抜け目のない、先見の明のある投機家は時おり自らの行動を、将来の予想によってではなく、将来の予想の不正確さを予想することによって律すると言ってよいかもしれない」（『貨幣信用貿易（一）』、一二九－一三〇ページ）

＊11　伊藤宣広「マーシャルにおける自由競争概念」、「マーシャルの独占理論」を参照。

＊12　アーサー・C・ピグー、『富と厚生』、四一四ページ

＊13　『富と厚生』、四一五ページ

＊14　『貨幣論』は大作であり、その論点は多岐にわたるが、ここでそれを網羅的に取り上げる余裕はないため、ごく限られた論点に絞って検討を加える。

＊15　ジョン・メイナード・ケインズ、『貨幣論Ⅱ　貨幣の応用理論』、三七七ページ

*16 『貨幣論II 貨幣の応用理論』、三七七－三七八ページ

*17 ケインズの不確実性に関する立場が初期の『確率論』から『一般理論』にかけて、変化したか否かをめぐっては、専門家のあいだでも連続説と断絶説で見解が分かれており、いまだ決着はついていない。本書ではこの点には立ち入らない。

*18 『貨幣論II 貨幣の応用理論』、三七八ページ

*19 『貨幣論II 貨幣の応用理論』、三七八－三七九ページ

*20 ジョン・メイナード・ケインズ、『雇用・利子および貨幣の一般理論』、一五四ページ

*21 『雇用・利子および貨幣の一般理論』、一五三ページ

*22 こうした投資手法は、「大馬鹿者理論」と呼ばれることがあるが、現代では「モメンタム投資」という名称が与えられている。

*23 スーザン・ストレンジは投機市場を競馬場に例えている。「投機市場とは、使用される商品やサービスの需要と供給の客観的変化に対応して価格が動く通常の市場とは区別され、将来の価格の予想にしたがって価格が動く市場として定義される。この点では、投機市場は競馬場にもっともよく似ている。……賭を通して、ある特定の馬が勝つであろうと予想する人が多ければ多いほど、馬券業者から得る賭率はそれだけ低くなる。彼らの予想は、しばしば、間違うかもしれない。しかし、価格を動かすのは馬の客観的腕前ではなく、予想なのである。だが、競馬場に出かけたり、レースに賭けたりする人々は実際にギャンブルを楽しんでいるのであるが、我々の時代の投機的金融市場における大半の参加者は非自発的に市場にいる。彼らはリスクを回避しようとしており、ギャンブルを望んでいない」（スーザン・ストレンジ、『カジノ資本主義——国際金融恐慌の政治経済学』、一五七ページ）。

*24 ミルトン・フリードマン、『実証的経済学の方法と展開』、一五九ページ

*25 『実証的経済学の方法と展開』、一六三ページ

*26 『実証的経済学の方法と展開』、一六九ページ

*27 『実証的経済学の方法と展開』、一七六ページ

*28 『実証的経済学の方法と展開』、一七六ページ

*29 『実証的経済学の方法と展開』、一七六ページ

*30 PERとは、株価収益率（Price Earnings Ratio）のことで、株価を一株あたり利益で割ったものである。収益率に照らして、現在の株価が割安であるかどうかを判断する指標として用いられる。

*31 『雇用・利子および貨幣の一般理論』、一四七－一四八ページ

*32 一九四二年二月六日のケインズからF. C. Scottへの手紙（Keynes, John Maynard *JMK XII Economic Articles and Correspondence. Investment and Editorial*, pp.81-82）

＊33　一九三八年三月一八日のケインズからF. N. Curzonへの手紙（*JMK XII Economic Articles and Correspondence. Investment and Editorial*, p.38）

＊34　『雇用・利子および貨幣の一般理論』、一五五ページ

＊35　グロスマンとスティグリッツは、ストロング型の効率的市場仮説が存在しないことを証明した。情報が低コストで入手可能なら、皆が同じ情報を入手して同じ結論に達するため、売買が行われなくなる。つまり、完全に効率的な金融市場では、そもそも取引をする意味がなくなってしまう。（Grossman, S.J. & Stiglitz, J.E. "On the Impossibility of Informationally Efficient Markets"）

＊36　ジャスティン・フォックス、『合理的市場という神話　リスク、報酬、幻想をめぐるウォール街の歴史』、三八二ページ

＊37　ジョージ・ソロス、『新版ソロスの錬金術』、五一－五二ページ

＊38　『雇用・利子および貨幣の一般理論』、一五五－一五六ページ

＊39　アルフレッド・マーシャル『クールヘッド&ウォームハート』を参照。

＊40　Friedman, M. & Savage, L.J.，"Utility Analisys of Choices Involving Risk" を参照。

終章

ケインズと現代

ケインズの遺産

ケインズ主義の退潮と符合するかのように、一九八〇年代から九〇年代にかけて、発展途上国のあるべき姿として「ワシントン・コンセンサス」という考え方が生まれた。貿易の自由化、資本移動の自由化、民営化、小さな政府、緊縮財政などを肯定し、提案する立場である。とにかく規制緩和をして、できるだけ市場に委ねることで何もかもがうまくいくという、俗に「市場原理主義」などと呼ばれる立場もこれに対応する。こうした考え方が台頭してきた背景には、裁量的なケインズ主義が行き詰まりつつあったという事情もあるだろう。しかし、これらに対置されるものとして大きな政府＝ケインズ主義と捉えるのは必ずしも適切ではない（第2章参照）。

確かにケインズは、市場経済が自由に放任されると自動的に最適な結果がもたらされるとは考えなかった。市場は人類の英知によってある程度、制御される必要があると考えた。しかし、政府・官僚機構の肥大化を好んだわけではなかった。むしろ資本主義経済、市場経済は、数多くの欠点があるものの、消去法で考えた場合、現存する体制のなかではまだ一番ましなものであるとの考えから、資本主義を守るために何をすべきかを論じた。これは当時の多くのケンブリッジの経済学者に共通の価値観である。

ケインズの問題関心は、一九世紀の社会主義者が夢見たような、いかにして理想の社会をつくりあげるか、ということではなかった。より現実的に、現在の世界、資本主義を前提としたうえで、これを維持するためには何をすべきかを考えることであった。

本来的な意味でのケインズ経済学と、最近の主流派経済学——この言葉を過去三〇年、四〇年の経済学という意味で使うとするならば——の大きな違いは、一つは市場に対する見方にある。

ごく大雑把に整理するならば、前者は、市場経済は本質的に不安定であり、制御されるべきである、という見方に立ち、後者は、市場経済は安定的であり、効率的であり、当局は余計なことをする必要はない、という見方に立つ。

金融取引についても、投機は不安定性をもたらすので規制すべきだ、という考え方と、投機は需要と供給の働きによって経済を安定化させるので、良いことだ、とする考え方がある。

ケインズが現代に投げ掛けるメッセージの一つは、投機マネーが経済全体を蔽うほど巨大化すると、大きな不安定性をもたらす、という主張である。二〇〇〇年代の金融危機の背景には、巨額の投機マネーの存在があった。その存在感を高めたのは、現代に蘇った数々の金融上の「イノベーション」である。

その最も象徴的なものはCDS（クレディット・デフォルト・スワップ）であった。これは、債券を発行した主体が支払いできなくなった場合に、債権者に支払いを保証する約束の売買である。一種の倒産保険であるが、この商品には大きな問題がある。通常、保険では非保険者が直接の利害をもっていなければならない。赤の他人の生命や住宅に対して、生命保険や火災保険に入ることはできない。犯罪を誘発しかねないからである。それができてしまうCDSを指して、フィナンシャル・タイムズの記者は、「ウォール街は他人の住宅に火をつける強い動機をもつようになった」と指摘した。[*1] このため、ＣＤＳを売買する人々は、建前はともあれ、実質的には、ある企業（ないし国家）が破綻するかどうかについてギャンブルをやっていたことになる。ＣＤＳの市場規模が二〇〇七年には六十二兆ドルであったことも、それが投機目的であったことを示唆している。

刃物は適切に使えば料理などの道具として我々の暮らしの役に立つが、悪用すれば犯罪の凶器にもなり得る。デリバティブも、使い方次第では保険として有用な役割を果たせるが、ギャンブルの道具としても使えてしまうところに問題がある。序章でも触れたように、デリバティブの危険性は少なくとも数百年前から知られていた。そして、当時の人々は、あまりの危うさに、それを禁止したのである。

問題は、それぞれがもつメリットとデメリットのどちらが大きいかということになるが、デリバティブによって増幅された金融危機は社会に大きな傷痕を残した。「大きすぎて潰せない」金融機関を救済するために、その後始末に巨額の税金が投入された。ハイ・リターンの期待できる取引にはハイ・リスクがつきものであるが、自らの破綻が社会的混乱を招くことを認識しているならば、たとえ無謀な賭けに失敗しても公的資金で救済されることに賭け、過大なリスクをとるインセンティブが生まれる。賭けに勝った場合には利益は自分のものになり、負けた場合には納税者が尻拭いをしてくれる。こうしたギャンブルのツケを払わされるのが納税者であるということは、国民全体がマネーゲームに強制的に巻き込まれるということである。個々の経済主体が自身の責任において相場を張ることは自由であるが、無関係な人が知らず知らずのうちにカジノに強制参加させられるようになる状況は、好ましくない。こうしたことを考えると、本書の冒頭（六―七ページ）に掲げたケインズのメッセージは、二一世紀の現代においてもきわめて重い意味をもっている。

マーケットの論理と経済学の論理

伝統的なマクロ経済学（ケインズ経済学）の教えるところでは、不況期にとるべき経済政策は、積極的な財政政策（減税や政府支出の増加）、金融緩和、あるいは両者の組み合わせである。もちろん、それらの政策の効果がいかほどであるかをめぐっては様々な議論があるが、方向としては、不況期には景気を刺激する政策をとるものであって、逆ではない。

ところが、現実にはつねにそのような政策が採用されるわけではない。むしろ、不況のどん底で緊縮を求める声も根強い。

クルーグマンは、マクロ経済学の論理とマーケットの論理がときに正反対となることを指摘している。

> 投機的攻撃は自らの行動を正当化するため、市場の信頼を回復するためには、経済ファンダメンタルズを踏まえた経済政策だけでは十分ではない。それどころか、市場の信頼を勝ち得るためには、賢明な政策どころか、まったくその逆の政策を実施しなければならない場合もある。*2

救済策の最大の目標は、市場の不安な心理を鎮めることにある。けれども危機は、起きると信じ込まれてしまえば実際に起きてしまうという特徴をもっているため、健全な政策だけでは市場の信頼を勝ち取ることはできない。市場の認識、偏見、あるいは気まぐれさえも満足させなくてはならない。ないしは、市場はこのように認識しているだろうと「期待」して、それに合った政策を実施しなければならないということだ。

こうしてケインジアン・コンパクトは崩れ去った。国際的な経済政策は、経済学とほとんど無関係なものになった。それはアマチュア心理学になってしまった。IMFとアメリカ財務省は、救いを求めてきた国々に、市場が好印象を抱くと思われる政策を実施するよう説得した。[*3]

各種金融危機の後、支援を与える代償として財政再建を要求されたり、緊縮政策をとらないと国債の格付けを引き下げられたりといった事例はいまではよくみられる。

取引の超高速化

ケインズは、一九三〇年代のウォール街とシティを次のように描写している。「ウォール街の活発なときには、投資物件の売買の少なくとも半分は、投機家が即日反対取引をする意図で始められたものであるといわれる」[*4]。これに対し、ロンドンでは「取引に付随するジョバーの『売買差益』、ブローカーの高い手数料、大蔵省に納める重い移転税は、市場の流動性を減少させ……ウォール街の特徴となっているような取引の大部分をとり除いている」[*5]。

こうしたロンドン市場の特徴も、過去のものとなった。現在では、短期マネーのウエイトは桁違いに大きくなっている。

とはいえ、ケインズの時代と現代とで、金融市場で行われている活動の本質は、それほど変わらない。ただ、決定的に違うことが一つある。それは、取引のスピードであり、要人の発言など、相場を左右する材料が出たときの市場の反応速度である。生身の人間がニュースで情報を得て、判断を下し、電話をかけて注文を入れる、といったプロセスにはどうしても時間がかかるが、アルゴリズムによる高頻度取引が大きな役割を果たしている二一世紀の金融市場においては、各種経済指標、あるいは、金融政策の方向性をめぐる要人の発言など、重要な材料が出ると市場は瞬時に（一秒もかからず！）劇的に反応する。これはとても生身の人間にはできないことである。

これによってボラティリティが非常に大きくなっている。日経平均株価が一日で、といわず数分で数百円、下手をすれば一〇〇〇円前後も乱高下することは現在では珍しくない。材料に過剰反応する結果、オーバーシュートが起きる。これが実体経済の価値を反映した健全な市場の動きといえるかという疑問である。

また、商品市場では現物よりも先物市場の方が大きな影響力をもっている。現物をもたない人々が投機的思惑で売買を繰り返し、短期的に価格を乱高下させている。例えば原油価格が比較的短期間のうちに数倍になったり数分の一になったりといった現象が起こっているが、これを実際の需要と供給だけで説明するのは難しい。

こうした動きのなかには、相場を張らない人には何の関係もないものもあるが、そうでないものもある。

トービン税について

アメリカのケインジアンの一人、ジェームズ・トービンは一九七二年に、短期の投機目的の外国為替取引に対して、一定率で課税することを提案した。現在では、「トービン税」として知られている。

これについては二点ほど論点がある。まず、これはケインズの『一般理論』に照らしてどのように評価されるか、という点である。結論から述べると、概ねケインズの思考に沿うものではあるが、ケインズは一定の留保をつけている。『一般理論』の該当箇所を引用してみよう。

公共の利益のために、賭博場を近づきにくい、金のかかるものにしなければならないということは、通常人々の一致した意見である。*6

合衆国において投機が企業に比べて優位である状態を緩和するためには、政府がすべての取引に対してかなり重い移転税を課することが、実行可能で最も役に立つ改革となるであろう。[*7]
現代の投資市場の光景を見て、私は時々、投資物件の購入を、あたかも結婚のように、死とかその他重大な原因による以外には解消することのできない恒久的なものにすることが、おそらく今日の害悪を救う有効な方策となるであろうと結論したくなる。なぜなら、このようにすれば、投資家は長期予想に、しかも長期予想のみに注意を向けざるをえないからである。[*8]

しかし他方、「投資市場の流動性はときには新投資の発展を阻害することがあるけれども、しばしばその発展を促進していることが分かる」として、ケインズは「ジレンマに直面」する。「もし個人による投資物件の購入が非流動的なものになると、そのことは、個人にとって自分の貯蓄を保有する代わりの方法があるかぎり、新投資を著しく阻害する」というジレンマである。そして「個人が彼の富を貨幣の保蔵または貸付に使用することができる以上、現実の資本資産を購入するという方法を十分魅力的なものにする……には、これらの資産を簡単に貨幣に換えることのできる市場を組織するよりほかに途はない」[*9]。

『一般理論』の当該箇所でのケインズの発言はアンビバレントであり、投機の害悪と流動性の重要さとのあいだで揺れている。ただし、ケインズの立場を総合的に考えると、市場経済はある程度、制御される必要がある、という主張、そして成長の原動力である長期投資を促進するという狙いからは、トービン税は肯定的に検討されるべきものであると思われる。

トービン税をめぐる第二の論点は、その実際的有用性である。資本移動が自由化されている現代において、投機マネーはグローバルに動くため、一国単位で規制をやっても資金がいわゆるタックス・ヘイブンに流れるだけで、あまり意味がないことも多い。国際協調なくしては対処困難であり、また、その国際協調ということが容易ではないのは歴史が証明しているが、他に道はない。

市場経済において投機を完全に規制することは困難であるが、それが大きな社会不安を引き起こすことのないよう、やれることを模索していくしかないだろう。

投資の社会化

ケインズの考えでは、資本主義の問題は、民間部門だけでは完全雇用を確保するのに十分な投資機会がない場合があることである。

> 私自身としては、現在、利子率に影響を及ぼそうとする単なる貨幣政策が成功するかどうかについていささか疑いをもっている。私は、資本財の限界効率を長期的な観点から、一般的、社会的利益を基礎にして計算することのできる国家が、投資を直接に組織するために今後ますます大きな責任を負うようになることを期待している。[*10]

ケインズは、投資のやや広範な社会化が完全雇用に近い状態を確保する唯一の方法になるだろうと述べている。[*11] ただし、「国家が引き受けるべき重要な仕事は生産手段の所有ではない」[*12]。

ケインズは、長期投資こそ本来あるべきスタイルであると考えているが、他方、長期投資は茨の道であることも指摘している。

真の長期期待を基礎とする投資は今日ではきわめて困難であって、ほとんど実行不可能となっている。それを企てる人はたしかに、群衆がいかに行動するかを群衆よりもよりよく推測しようと試みる人に比べて、はるかに骨の折れる日々を送り、はるかに大きな危険を冒さなければならず、同等の知力をもってするなら、彼はいっそう悲惨な間違いを犯すことになろう。[*13]

社会的に有益であるということと、それが大きなリターンを生むかということは別の問題である。また、ケインズは、公共の利益をもっとも増進させるはずの長期投資をする人々は、社会の批判の対象とされるとも述べている。

所有と経営の分離

イギリスでは一七二〇年の南海泡沫事件により大きな経済的混乱が生じたことから、会社設立の条件を厳しく規制する泡沫会社禁止法（The Babble Act）が成立し、その後の会社制度の発達が阻害された。

イギリスで株主の有限責任制が一般化するのは一九世紀半ば以降のことである。もともと巨額の資金を株式市場で調達しなければならないほど大規模な産業がそれほどなかったが、鉄道事業の発展により状況が変化した。鉄道事業は一九世紀の花形であり、何度も鉄道株バブルが発生しては潰れている。ケインズが「自由放任の終焉」で所有と経営の分離の問題を論じた一九二〇年代には、イギリスにおいても現代的な株式会社の重要性が高まっていた。

ケインズによれば、株式会社はある程度の規模に達すると、個人主義的私企業の段階を超えて公法人の性質を帯びるようになる。そこでは資本の所有者は経営から分離され、経営陣の関心事は株主のための利潤極大化よりも、組織の安定と名声の方に傾くという。株主に対して慣例上妥当と考えられる一定の配当を確保した後は、こうした企業の経営者の直接的関心は、社会からの批判、会社の顧客からの批判を回避することに向けられることがしばしばある。その典型的な例は、当時、民間の株式会社であったイングランド銀行である。他にも鉄道会社など大規模な公益企業は半社会化されつつあった。

ケインズは一九三三年に『ニュー・ステイツマン・アンド・ネーション』誌に掲載された論説で、次のように述べている。

株式会社制の結果として、所有権が今日株を買い明日売却する無数の個人の間に分割されており、彼らには自分がしばらくの間保有するものについての知識と責任の双方がまったく欠けている時に、所有権と経営の実際の責任が分離していることは、国内のゆゆしい事態である。*14

長い目で見た投資と、短期目線の投機とでは、同じ行為でも評価が大きく異なる。投機筋を満足させるためには、近視眼的な経営が求められる。投機筋にとっては、目先の株価が上がりさえすればその会社の将来のことはどうでもよい。人件費の削減、資産の切り売りなどで目先の収益が改善すれば、その会社の株式を長期間保有するつもりのない株主にとっては「良い」経営判断ということになる。逆に、将来性があっても、すぐに収益に結び付くとは限らないもの、成功するかどうかわからないものにじっくり投資することは好まれないだろう。*15

格差と不平等の問題

ケインズは社会主義者ではなかったし、必ずしも格差や不平等の問題に正面から取り組んだわけではなかった。しかし、それでもケインズの様々な発言、あるいはその理論体系から、この問題に対する彼の考え方を垣間見ることができる。

まず、ケインズ理論の構造から潜在的に引き出されるメッセージとして、例えば近年スティグリッツがしばしば強調するように、社会の上層に金が集中しすぎると、消費が落ち込むという点が挙げられる。一般に、所得が高いほど消費性向は低くなるからである。年収三〇〇万円の世帯は、生活のためにその収入の大半を支出しなければならないが、年収三億円の世帯にとって、生活費をまかなうにはその一部で事足りる。社会の有効需要を喚起するという観点からは、極端な所得の不平等は好ましくないということが理論的にいえる。

直接的な言及としては、『一般理論』第二四章の社会哲学に関する覚書で格差の問題に触れられている。

われわれの生活している経済社会の顕著な欠陥は、完全雇用を提供することができないことと、富および所得の恣意的で不公平な分配である。[*16]

所得の不平等を正当化する若干の理由はあるにしても、それはそのまま遺産の不平等には当てはまらない。私自身としては、所得および富の相当な不平等を正当化することのできる社会的、心理的理由は存在するけれども、それは今日存在するほど大きな格差を正当化するものではない、と信じている。[*17]

ケインズの立場は一貫している。ケインズは、自身の努力や能力に起因する所得の不平等についてはある程度は容認されるべきと考えるが、個人が選択することのできない家柄や相続財産の不平等については厳しい目を向けていた。そこには人間の知性への深い信頼と、たまたま生まれが良かっただけで努力せずに社会の指導者になれてしまうような世襲制、ひいては金利生活者への厳しい態度があった。[*18]

ケインズは、「私は、資本主義の利子生活者的な側面を、それが仕事を果たしてしまうと消滅する過渡的な局面と見ている」[*19]と予想した。資本が稀少でなくなると、その価格である利子率はゼロにまで下落し、その結果として金利生活者階級が死滅するであろうというのがケインズの予想であったが、この見通しはあたらなかった。

近年、ピケティは、歴史的に資本収益率が経済成長率を上回ってきたという主張で一世を風靡したが、ここで注目したいのは、資本収益率にも格差があるという点である。標準的な経済モデルの想定とは異なり、ポートフォリオ管理にも規模の経済が働き、資産規模が大きいほどより高い収益を上げやすいという点である。[*20]こうした議論はマルクスにまでさかのぼるが、富める者はますます豊かになり、格差を増幅する。

ケインズは、ゆるやかなインフレを好ましいことと考えていた。インフレには金利生活者の富を目減りさせる効果があるからである。確かに、資産を固定金利のコンソル債などで運用していれば、金利生活者にとってインフレは逆風である。ところが、現在の金利生活者は有能なマネージャーを雇うことができ、インフレ率を上回る資本収益率を得ることができる。その結果、金利生活者は安楽死するどころか、インフレ下においてもますます豊かになることができる。金融危機以降、世界的な金融緩和で資産価格が上昇したが、それによる恩恵を受けたのもこの層であったといわれている。

現代では、格差是正のため、所得税は累進課税になっていることが多いが、これにも問題がないわけではない。[*21] なぜなら、そもそも巨額の資産を保有する金利生活者にとって、収入の大きなウエイトを占めるキャピタルゲインは累進課税の対象外であることが多く、富裕層ほど高い税率の負担をしているといえない場合もあるからである。

道徳科学としての経済学

ケインズは柔軟な思考の持主で、特定の教義に固執することがなかった。核となる信念は保持したが、手段としての経済学については、情勢の変化に応じてたびたび見解を変えた。したがって、序章でも述べたように、ケインズ経済学の到達点とされる『一般理論』でさえ、ある面においては、所詮は一九三六年の時点でケインズが考えていたこと、にすぎない部分もある。自分の新しい主張を理解してもらいやすくするため、あえて戦略的に妥協したり単純化したりした部分もある。そのため、「ケインズの主張」とされるものから、相反する結論を導くことも可能である。

例えば、〝ケインズ主義が大きな政府を推進した結果、政府の財政赤字の慢性化を招き、巨額の累積債務をこしらえることになった〟という批判がある。そしてケインズ＝大きな政府＝福祉国家、といったレッテルが張られがちである。しかし他方、先祖の負債を孫の世代に背負わせるべきではない、というケインズの信念に照らせば、別のメッセージを引き出すこともできるのである。

したがって、例えば消費税増税を批判するケインジアンもいれば、支持するケインジアンもいる、といったことが起こり得る。いったいどちらが本当の正しいケインジアンなのか、を問うことにはあまり意味がない。どちらも真理の一面を捉えており、それぞれのメリットとデメリットのどちらが大きいかは状況によるからである。そしてそれを決めるのは実証レベルの問題である。

ジョーン・ロビンソンは、一九五五年の論文のなかで、「経済学を学ぶ目的は、一連のでき合いの答えを得るためではなく、いかに経済学者に騙されないようにするかを学ぶためである」という名言を残している。*22 その後、この言葉は断片だけを切り取られて独り歩きし、全く別の意味を付与された。いわく、テレビに出ている「エコノミスト」達はきちんとした経済学の知識をもたずに出鱈目なことを言っているが、ああいうものを信用してはいけません、正しい経済学の知識を身に付けましょう、と。その是非はともかく、ロビンソンが言っているのはそのようなことではない。ではその真意は何か。経済学、経済理論というのはある程度まで科学的研究の一つの方法であると同時に、ある程度までは、それぞれの時代における支配的イデオロギーの一つの伝達手段であった。ロビンソンが言いたいのは、経済学には望むと望まざるとにかかわらず、科学的な部分とイデオロギーの部分とがどうしても入ってくる。そこで、両者をしっかりと見きわめ、その科学的な部分を経験に照らして検証した上で、最後にそれを自分自身の政治的見解と結び付けるべきだ、ということである。ある政治的主張が、特定の集団の利益を代弁するものであるにもかかわらず、あたかも科学的な真理であるかのように、科学の名のもとに、その普遍的妥当性を主張する。こういうものには警戒しなさい、ということである。これは、元をたどれば、経済学は価値判断を伴う道徳科学である、というケンブリッジの経済学の伝統に帰着する。

経済学は、きわめてロジカルな体系をもちながらも、不完全な学問である。それは、学問としての欠陥というよりは、人間を対象とするがゆえに生じる様々な問題があることに起因する。増税をしたらどうなるのか。減税をしたらどうなるのか。金融緩和をしたらどうなるのか。そうした政策の効果については様々な経路が考えられるが、それぞれの影響を事前に定量的に予測することはきわめて難しい。そのため、すべてのあり得る可能性が合わさった結果として、効果がどのようなものになるのかは、本当のところは誰にもわからない。ノーベル経済学賞受賞者同士で政策をめぐる見解が分かれることも珍しくない。したがって、最も厳密な意味では「わからない」というのが正解であるが、他方、それでは人を満足させることはできない。経済学者が助言を求められて、「わかりません」と答えたのでは拍子抜けであろう。それゆえ、どの経済学者も、政策について発言する際には、自身の信奉する価値観、信念、理論に基づいて発言を行っているのである。それが異なる場合、異なる提言が出てくる。それを普遍的に正しい「科学的な真理」と混同してはいけないということである。

投機については、二つの側面があることを本書で繰り返し指摘してきた。価格変動を好まない人々は、価格変動リスクをヘッジしたい（保険をかけたい）と願う。価格変動によってキャピタルゲインを狙う投機家は、そのリスクを引き受ける。保険とギャンブルは表裏一体であり、それぞれのニーズが合致している限りでは、双方にメリットがある。そして、どちらも適度な規模であれば、大きな問題は起こらないかもしれない。しかし、投機の動きは往々にして肥大化しがちであり、それが社会全体を覆うほどになってしまうと、大きな災厄を生み出す。いかにしてそれを制御するか。ケインズの結論は、本書冒頭（六―七ページ）で掲げた引用文と対になる以下の文章である。理想としては、誰もマネーゲームなどに興ぜず皆が汗を流して働くのであれば、それが一番良い。しかし人間に欲がある限り、そんな理想論を掲げても虚しく響くだけである。より現実的な方策は、たとえどこかでマネーゲームが行われたとしても、それが社会的混乱をもたらすことのないよう、その害悪ができるだけ抑えられるような制度設計を考えるべきである、というものである。

人間本性を変革する仕事とそれを制御する仕事とを混同してはならない。理想的な国家においては、人々が賭けに興味をもたないように教育され、鼓吹され、躾けられるということもあろうが、普通の人、あるいは社会の重要な階層の人たちさえもが、事実上金儲けの欲望に強くふけっているかぎり、ゲームを規則と制限のもとで演ずることを許すのがやはり賢明で思慮深い政治術というものであろう。*23

＊1　ヌリエル・ルービニ、スティーブン・ミーム、『大いなる不安定』、二七八ページ
＊2　ポール・クルーグマン、『世界大不況からの脱出』、一五八ページ
＊3　『世界大不況からの脱出』、一五九ページ
＊4　『雇用・利子および貨幣の一般理論』、一五八ページ
＊5　『雇用・利子および貨幣の一般理論』、一五八ページ
＊6　『雇用・利子および貨幣の一般理論』、一五七ページ
＊7　『雇用・利子および貨幣の一般理論』、一五八ページ
＊8　『雇用・利子および貨幣の一般理論』、一五八ページ
＊9　『雇用・利子および貨幣の一般理論』、一五八－一五九ページ
＊10　『雇用・利子および貨幣の一般理論』、一六二ページ
＊11　『雇用・利子および貨幣の一般理論』、三八〇－三八一ページ
＊12　『雇用・利子および貨幣の一般理論』、三八一ページ
＊13　『雇用・利子および貨幣の一般理論』、一五五ページ
＊14　ジョン・メイナード・ケインズ、『世界恐慌と英米における諸政策――1931～39年の諸活動――』、二六八ページ
＊15　企業が何かのプロジェクトに投資する、という文脈で考える場合でも、投資にはリスクがある。科学技術でも、多額の資金を投資しても実を結ばないことなどいくらでもある。しかし、一見、何の役に立つのかわからないような地道な基礎研究の積み重ねがあって、目覚ましい成果が生まれる。一つの大成功の裏には数百、数千の失敗がある。そうした失敗をどれくらい許容できるか、その懐の広さが、長い目で見た場合の成長の可能性にとって重要になる。短期的な成果を求める圧力が強くなると、大胆な冒険はできない。すぐに成果の出そうな無難な仕事ばかりが選ばれるようになる。
＊16　『雇用・利子および貨幣の一般理論』、三七五ページ
＊17　『雇用・利子および貨幣の一般理論』、三七六－三七七ページ
＊18　ピケティは、ケインズの名を挙げているわけではないが、実質的にケインズを肯定する指摘を行っている。「たしかに、労働所得は常に平等に分配されるわけではないし、相続財産からの所得と労働所得の重要性比較だけで社会正義を論じるのも公正さを欠く。それでも民主主義的な近代性というものは、個々の才能や努力に基づいた格差のほうが、その他の格差より正当化できるという信念に基づいているのだ」（トマ・ピケティ、『21世紀の資本』、二五二ページ）。
＊19　『雇用・利子および貨幣の一般理論』、三七九ページ
＊20　トマ・ピケティ、『21世紀の資本』、四四六－四四七ページ

＊21　ピケティ『21世紀の資本』の第一四章「累進所得税再考」に掲載されている資料（五二一ページ、図14－1「最高所得税率1900-2013」）また http://piketty.pse.ens.fr/files/capital21c/en/pdf/supp/TS14.1.pdf では、二〇世紀初頭から現代に至る各国の最高所得税率の推移がわかる。ピケティの資料によると、イギリスの所得税の最高税率は、一九三〇年代は六〇パーセント台で推移し、戦争が始まると八〇パーセントを超え、一九四一年から一九五二年までは九八パーセントで推移した。その後も一九七八年まではほぼ九〇パーセント台を保っているが、サッチャー時代に大きく引き下げられている。

＊22　Robinson, Joan, Marx, Mashall and Keynesを参照。

＊23　『雇用・利子および貨幣の一般理論』、三七七ページ

あとがき

本書の初校の校正が終わりに差し掛かった二〇一六年六月二三日（日本時間二四日）、イギリスのEU離脱の是非を問う国民投票で、離脱派が勝利するというニュースが飛び込んできた。直前まで残留派が勝つという見方が大勢を占めており、出口調査でも同様の結果が出ていただけに、離脱派の勝利は世界に大きな衝撃を与えた。残留派の勝利を織り込んでいた金融市場も大混乱となり、ポンド／円の為替レートは一日で約二七円も動き、日経平均株価は一二〇〇円を超える記録的な下落となった。この歴史的なイベントを前に、巨額の投機マネーが動いていたであろうことは想像に難くない。金融市場のみならず、この先の世界情勢には大きな不確実性が影を落とすことになるだろう。

現代社会に生きるすべての人々は、好むと好まざるとにかかわらず、何らかのかたちで投機の問題と関わらざるを得ない。イギリスの例は、一国の進むべき道を決める政治判断の場が、マネーゲームの舞台と化すことによって、混乱が増幅されている状況を表している。また、経済的混乱に対して各国の金融当局がどのような対応をとるかということ自体も、賭けの対象となっている。マネーの動きは本来的な意味での「金融」の領分を大きく逸脱しているように思われる。これはケインズが危惧した事態である。

問題は複雑で困難である。ケインズを読めば、ただちにこの問題を綺麗に解決する答えが出てくる、というようなことはない。しかし、なぜ投機をめぐる問題の根が深いのかについて、示唆を得ることはできる。そこにこそ、先人の叡智に学ぶ意義がある。

本書は、主に二〇一四年にいくつかの研究会、学会で報告した内容がベースとなっている。恩師の根井雅弘先生（京都大学教授）が主催された社会人向けの研究会、ケインズ学会全国大会、青山学院大学の藤井賢治教授が主催された科研費の研究会等で、多くの方々から有益な示唆をいただいた。学会や研究会でコメントをくださった方々に謝意を表したい。もちろん、残されている誤りはすべて著者の責任である。

ケインズ研究の一環であるとはいえ、投機をテーマとする本を書くにあたっては、ためらいもあった。この議論をするためには非常に多岐にわたる領域をカバーしなければならず、一人の人間の能力の及ぶところではないからである。私はあくまで一介の研究者にすぎず、金融の領域における実務経験がないため、実務家の目線からすれば至らぬところが多々あるであろうことは承知している。ご批判を仰げれば幸いである。

本書の執筆作業は、いつになく難航した。構想は比較的早期に頭の中でまとまっていたものの、公務で多忙をきわめ、なかなか執筆時間が取れない状況が続いた。なんとかケインズ『一般理論』

刊行八〇周年にあたる節目の二〇一六年中に刊行できたのは、編集の中西豪士氏の辛抱強い励ましによるところが大きい。お礼を申し上げたい。
最後に、私事にわたり恐縮であるが、研究、執筆作業を静かに支えてくれた妻さやか、そして両親に感謝したい。

二〇一六年六月
伊藤宣広

参考文献

本書各章の註釈に関しては、本シリーズの書式を踏襲して著者名と書名のみ（邦訳があるものは邦訳の書名）の最小限の表示となっている。邦訳書が存在する文献についてはその訳文を参照したが、原書を参照しつつ一部、変更した箇所もある。原書からの引用は筆者の訳文である。

Allen, F.L.［1931］*Only Yesterday: An Informal History of the Nineteen Twenties*, Harper & Brothers Publishers、F・L・アレン、『オンリー・イエスタディ　1920年代アメリカ』、藤久ミネ・訳、［一九九三］、筑摩書房（ちくま文庫）

Backhouse, R.E. & Bateman, B.W.［2011］*Capitalist Revolutionary: John Maynard Keynes*, Harvard University Press、R・E・バックハウス、B・W・ベイトマン、『資本主義の革命家ケインズ』、西岡保・監訳、栗林寛幸・訳、［二〇一四］、作品社

Bateman, Bradley, Toshiaki, Hirai, and Maria Cristina Marcuzzo (eds.)［2010］*The Return to Keynes*, Harvard University Press、ブラッドリー・W・ベイトマン、平井俊顕、マリア・クリスティーナ・マルクッツォ・編『リターン・トゥ・ケインズ』、平井俊顕・監訳、［二〇一四］、東京大学出版会

Chancellor, Edward［1999］*Devil Take the Hindmost: A History of Financial Speculation*, Gillon Aitken Associates Ltd.、エドワード・チャンセラー、『バブルの歴史』、山岡洋一・訳、［二〇〇〇］、日経ＢＰ社

Chua, J.H. and Woodward, R.S.［1983］"J.M. Keynes's Investment Performance: A Note", *The Journal of Finance*, Vol.38, No.1, March 1983

Davidson, Paul［2007］*John Maynard Keynes*, Palgrave Macmillan、ポール・デイヴィッドソン、『マクミラン経済学者列伝　ケインズ』、小谷野俊夫・訳［二〇一四］、一灯社

Dillard, D.［1948］*The Economics of John Maynard Keynes: The Theory of a Monetary Economy*, Prentice Hall、D・ディラード、『J・M・ケインズの経済学』、岡本好弘・訳、［一九七三］、東洋経済新報社

Dostaler, Gilles［2007］*Keynes and his Battles*, Edward Elgar、ジル・ドスタレール、『ケインズの闘い　哲学・政治・経済学・芸術』、鍋島直樹、小峯敦・監訳、［二〇〇八］、藤原書店

Ebenstein, Lanny［2007］*Milton Friedman*, St. Martin's Press、ラニー・エーベンシュタイン、『最強の経済学者ミルトン・フリードマン』、大野一・訳、［二〇〇八］、日経BP社

Eshag, Eprime［1963］*From Marshall to Keynes: An Essay on the Monetary Theory of the Cambridge School*, Basil Blackwell、エプリーム・エシャグ、『マーシャルからケインズまで』、宮崎犀一・訳、［一九六七］、東洋経済新報社

Fantacci, L., Marcuzzo, M.C.and Sanfilippo, E.［2010］"Speculation in commodities: Keynes's 'practical acquaintance' with future markets" *Journal of the History of Economic Thought*, vol.32

Fox, Justin［2009］*The Myth of the Rational Market: A History of Risk, Reward, and Delusion on Wall Street*, Harper Collins Publishers、ジャスティン・フォックス、『合理的市場という神話　リスク、報酬、幻想をめぐるウォール街の歴史』、遠藤真美・訳、［二〇一〇］、東洋経済新報社

Friedman, Milton［1953］*Essays in Positive Economics*, The University of Chicago Press、ミルトン・フリードマン、『実証的経済学の方法と展開』、佐藤隆三、長谷川啓之・訳［一九七七］、富士書房

Friedman, Milton［1957］*A Theory of the Consumption Function*, Princeton University Press、ミルトン・フリードマン、『消費の経済理論』、宮川公男、今井賢一・訳［一九六一］、巌松堂

Friedman, Milton［1968］"The Role of Monetary Policy", *American Economic Review*, vol.58, No.1

Friedman, M. & Savage, L.J.［1948］Utility Analisys of Choices Involving Risk, *Journal of Political Economy*, vol.56, No.4

Galbraith, John Kenneth［1990］*A Short History of Financial Euphoria*, Whittle Direct Books、ジョン・ケネス・ガルブレ

イス、『バブルの物語　暴落の前に天才がいる』、鈴木哲太郎・訳、［一九九一］、ダイヤモンド社

Grossman, S.J. & Stiglitz, J.E. ［1980］ "On the Impossibility of Informationally Efficient Markets" *American Economic Review*, June 1980

Harrod, Roy Forbes ［1951］ *The Life of John Maynard Keynes*, Macmillan、ロイ・ハロッド、『ケインズ伝［上・下］』、塩野谷九十九・訳［一九六七］、東洋経済新報社

服部茂幸［二〇一二］『危機・不安定性・資本主義――ハイマン・ミンスキーの経済学』、ミネルヴァ書房

Hawtrey, R.G. ［1937］ *Capital and Employment*, Longmans, Green & Co

平井俊顕［二〇〇三］『ケインズの理論　複合的視座からの研究』、東京大学出版会

平井俊顕［二〇一二］『ケインズは資本主義を救えるか　危機に瀕する世界経済』、昭和堂

井上義朗［二〇一二］『二つの「競争」　競争観をめぐる現代経済思想』、講談社（講談社現代新書）

伊東光晴［一九六二］『ケインズ――〝新しい経済学〟の誕生――』、岩波書店（岩波新書）

伊東光晴［一九九八］『経済学を問う1　現代経済の理論』、岩波書店

伊東光晴［二〇〇六］『現代に生きるケインズ――モラル・サイエンスとしての経済理論――』、岩波書店（岩波新書）

伊東光晴［二〇一五］「現実から遊離する経済学　いま直面する『経済学第三の危機』」、『エコノミスト』二〇一五年九月一五日特大号

伊藤宣広［二〇〇六］『現代経済学の誕生――ケンブリッジ学派の系譜』、中央公論新社（中公新書）

伊藤宣広［二〇〇七］『ケンブリッジ学派のマクロ経済分析――マーシャル・ピグー・ロバートソン――』、ミネルヴァ書房。

伊藤宣広［二〇〇九］「ケンブリッジ学派の雇用・利子・貨幣理論とケインズ」、『現代思想』vol.三七―六

伊藤宣広［二〇一〇a］「マーシャルにおける自由競争概念」、『高崎経済大学論集』第五三巻第一号

伊藤宣広［二〇一〇b］書評Lorenzo Pecchi and Gustavo Piga（eds.）*Revisiting Keynes: Economic Possibilities for our Grandchildren*、『経済学史研究』五二－一
伊藤宣広［二〇一一］「マーシャルの独占理論」、『高崎経済大学論集』、第五三巻第四号
Nobuhiro Ito［2013a］"Alfred Marshall: father of modern economics" in Ryuzo Kuroki（eds.）*Keynes and Modern Economics*, Routledge.
伊藤宣広［二〇一三b］「D・H・ロバートソンの利子論」、『高崎経済大学論集』、第五五巻第三号
伊藤宣広［二〇一四a］「ケインズ『自由放任の終焉』」、根井雅弘・編著、『ブックガイドシリーズ 基本の30冊 経済学』、人文書院
伊藤宣広［二〇一四b］書評「井上義朗『二つの「競争」——競争観をめぐる現代経済思想』」、『経済学史研究』五六－一
伊藤宣広［二〇一五］「戦間期イギリスの金本位制復帰問題とデフレーション」、高崎経済大学産業研究所編、『デフレーションの経済と歴史』
Kahn, Richard Ferdinand［1984］*The Making of Keynes' General Theory*, Cambridge University Press、リチャード・カーン、『ケインズ「一般理論」の形成』、浅野栄一、地主重美・訳、［一九八七］、岩波書店
Keynes, John Maynard［1971-1989］*The Collected Writings of John Maynard Keynes*［*JMK.*］, D.E. Moggridge（ed.）, Macmillan.
Keynes, John Maynard［1971（1913）］*JMK I Indian Currency and Finance*, Macmillan、ジョン・メイナード・ケインズ、『インドの通貨と金融』、則武保夫、片山貞雄・訳、［一九七七］、東洋経済新報社
Keynes, John Maynard［1971（1919）］*JMK II The Economic Consequences of the Peace*, Macmillan、ジョン・メイナード・ケインズ、『平和の経済的帰結』、早坂忠・訳、［一九七七］、東洋経済新報社

Keynes, John Maynard［1971(1923)］*JMK IV A Tract on Monetary Reform*, Macmillan、ジョン・メイナード・ケインズ、『貨幣改革論』、中内恒夫・訳、［一九七八］、東洋経済新報社

Keynes, John Maynard［1971(1930)］*JMK V A Treatise on Money. Part I: The Pure Theory of Money*, Macmillan、ジョン・メイナード・ケインズ、『貨幣論Ⅰ　貨幣の純粋理論』、小泉明、長澤惟恭・訳、［一九七九］、東洋経済新報社

Keynes, John Maynard［1971(1930)］*JMK VI A Treatise on Money. Part II: The Applied Theory of Money*, Macmillan、ジョン・メイナード・ケインズ、『貨幣論Ⅱ　貨幣の応用理論』、長澤惟恭・訳、［一九八〇］、東洋経済新報社

Keynes, John Maynard,［1973(1936)］*JMK VII The General Theory of Employment, Interest, and Money*, Macmillan、ジョン・メイナード・ケインズ、『雇用・利子および貨幣の一般理論』、塩野谷祐一・訳、［一九八三］、東洋経済新報社

Keynes, John Maynard［1973(1921)］*JMK VIII A Treatise on Probability*, Macmillan、ジョン・メイナード・ケインズ、『確率論』、佐藤隆三・訳、［二〇一〇］、東洋経済新報社

Keynes, John Maynard［1972(1931)］*JMK IX Essays in Persuasion*, Macmillan、ジョン・メイナード・ケインズ、『説得論集』、宮崎義一・訳、［一九八一］、東洋経済新報社

Keynes, John Maynard［1972(1933)］*JMK X Essays in Biography*, Macmillan、ジョン・メイナード・ケインズ、『人物評伝』、大野忠男・訳、［一九八〇］、東洋経済新報社

Keynes, John Maynard［1973］*JMK XIII The General Theory and After. Part I: Preparation*, Macmillan

Keynes, John Maynard［1973］*JMK XIV The General Theory and After. Part II: Defence and Development*, Macmillan

Keynes, John Maynard［1982］*JMK XXI Activities 1931-1939: World Crises and Policies in Britain and America*, Macmillan、ジョン・メイナード・ケインズ、『世界恐慌と英米における諸政策――1931～39年の諸活動――』、館野敏、北原徹、黒木龍三、小谷野俊夫・訳、［二〇一五］、東洋経済新報社

Keynes, John Maynard［1983］*JMK XII Economic Articles and Correspondence. Investment and Editorial.*

Krugman, Paul［2009］*The Return of Depression Economics and the Crisis of 2008*, W.W. Norton & Company, Inc.、ポール・クルーグマン、『世界大不況からの脱出』、三上義一・訳、［二〇〇九］、早川書房

Laidler, D.［1999］*Fabricating the Keynesian Revolution: Studies of the Inter-war Literature on Money, the Cycle, and Unemployment*, Cambridge University Press.

Malkiel, Burton G.［2011］*A Random Walk Down Wall Street*, W.W. Norton & Company, Inc.、バートン・マルキール、『ウォール街のランダム・ウォーカー原著第10版』井手正介・訳、［二〇一一］、日本経済新聞出版社

Marcuzzo, Maria Cristina［2012］*Fighting Market Failure: Collected essays in the Cambridge tradition of economics*, Routledge、マリア・クリスティーナ・マルクッツオ、『市場の失敗との闘い　ケンブリッジの経済学の伝統に関する論文集』、平井俊顕・監訳、池田毅、伊藤宣広、黒木龍三、内藤敦之、長原徹、袴田兆彦、藤原新・訳、［二〇一五］、日本経済評論社

Marshall, Alfred［1887］"Remedies for Fluctuations of General Prices" in Pigou,A.C.（ed.）［1925］*Memorials of Alfred Marshall*, Macmillan、アルフレッド・マーシャル『クールヘッド&ウォームハート』、伊藤宣広・訳、［二〇一四］ミネルヴァ書房

Marshall, Alfred［1919］*Industry and Trade*, Macmillan、アルフレッド・マーシャル、『産業と商業』、永澤越郎・訳、［一九八六］、岩波ブックサービスセンター

Marshall, Alfred［1920］*Principles of Economics: An Introductory Volume, 8th ed.*, Macmillan、アルフレッド・マーシャル、『経済学原理』、永澤越郎・訳、［一九八五］、岩波ブックサービスセンター

Marshall, Alfred［1923］*Money, Credit and Commerce*, Macmillan、アルフレッド・マーシャル、『貨幣信用貿易』、永澤越郎・訳、［一九八八］、岩波ブックサービスセンター

Marshall, Alfred［1926］*Official Papers by Alfred Marshall*, Keynes, J.M.（ed.）, Macmillan.

Moggridge, Donald Edward〔1976〕*Keynes*, Fontana Collins、ドナルド・エドワード・モグリッジ、『ケインズ』、塩野谷祐一・訳、〔一九七九〕、東洋経済新報社

Moggridge, Donald Edward〔1992〕*Maynard Keynes: An Economist's Biography*, Routledge.

Moore, G.E.〔1903〕*Principia Ethica*, Cambridge University Press、G・E・ムア、『倫理学原理』、泉谷周三郎、寺中平治、星野勉・訳〔二〇一〇〕、三和書房

長島伸一〔一九八七〕『世紀末までの大英帝国　近代イギリス社会生活史素描』、法政大学出版局

那須正彦〔一九九五〕『実務家ケインズ――ケインズ経済学形成の背景』、中央公論新社（中公新書）

根井雅弘〔一九九四〕『現代の経済学　ケインズ主義の再検討』、講談社（講談社学術文庫）

根井雅弘・編著〔二〇〇七〕『わかる現代経済学』、朝日新聞社（朝日新書）

野口旭〔二〇一五〕『世界は危機を克服する　ケインズ主義2.0』、東洋経済新報社

Pecchi & Piga（eds.）〔2008〕*Revisiting Keynes: Economic Possibilities for our Grandchildren*, MIT Press.

Pigou, Arthur Cecil〔1912〕*Wealth and Welfare*, Macmillan、アーサー・C・ピグー、『富と厚生』、八木紀一郎・監訳、本郷亮・訳、〔二〇一二〕、名古屋大学出版会

Pigou, Arthur Cecil〔1943〕"The Classical Stationary State" *Economic Journal*, vol.53, No.212 pp.343-351.

Piketty, Thomas〔2014〕*Capital in the Twenty-First Century*, Harvard University Press、トマ・ピケティ、『21世紀の資本』、山形浩生、守岡桜、森本正史・訳、〔二〇一四〕、みすず書房

Reinhart, Carmen M. & Rogoff, Kenneth S.〔2009〕*This Time Is Different*, Princeton University Press、カーメン・M・ラインハート、ケネス・S・ロゴフ、『国家は破綻する　金融危機の８００年』、村井章子・訳、〔二〇一一〕、日経ＢＰ社

Ricardo, David〔1952〕*The Works and Correspondence of David Ricardo Volume VI, Letters 1810-1815*, Piero Sraffa with the collaboration of M. H. Dobb (ed.), Cambridge University Press、デイヴィド・リカードウ『リカードウ全集Ⅵ書簡集 1810-1815年』、中野正・監訳、〔一九七〇〕、雄松堂書店

Robertson, D.H.〔1915〕*A Study of Industrial Fluctuation: An Enquiry into the Character and Causes of the so-called Cyclical Movements of Trade*, P.S.King and Son.

Robinson, Joan〔1955〕"Marx, Marshall and Keynes" in *Contributions to Modern Economics*〔1978〕, Academic Press

Robinson, Joan〔1962〕*Economic Philosophy*, C.A. Watts & Co.、ジョーン・ロビンソン、『経済学の考え方』、宮崎義一・訳、〔一九六六〕、岩波書店

Roubini, Nouriel & Mihm, Stephen〔2010〕*Crisis Economics: A Crash Course in the Future of Finance*, Penguin Press、ヌリエル・ルービニ、スティーブン・ミーム、『大いなる不安定』、山岡洋一、北川知子・訳、〔二〇一〇〕、ダイヤモンド社

Skidelsky, Robert〔1983〕*John Maynard Keynes, Volume 1, Hopes Betrayed, 1883-1920*, Macmillan、ロバート・スキデルスキー、『ジョン・メイナード・ケインズ　裏切られた期待／1883～1920年〔Ⅰ・Ⅱ〕』、宮崎義一・監訳、古屋隆・訳、〔一九八七－一九九二〕、東洋経済新報社

Skidelsky, Robert〔1992〕*John Maynard Keynes, Volume 2, The Economist as Savior, 1920-1937*, Macmillan

Skidelsky, Robert〔2000〕*John Maynard Keynes, Volume 3, Fighting for Britain 1937-1946*, Macmillan

Skidelsky, Robert〔2009〕*Keynes: The Return of the Master*, Allen Lane、ロバート・スキデルスキー、『なにがケインズを復活させたのか?』、山岡洋一・訳、〔二〇一〇〕、日本経済新聞出版社

Smith, E. L.〔1925〕*Common Stocks As Long Term Investments*, Macmillan.

Soros, George〔2003〕*The Alchemy of Finance*, Lescher & Lescher, Ltd.、ジョージ・ソロス、『新版ソロスの錬金術』、青柳孝直・訳、〔二〇〇九〕、総合法令出版

Stiglitz, Joseph E.〔2012〕*The Price of Inequality*, W.W. Norton & Company, Inc.、ジョセフ・E・スティグリッツ、『世界の99%を貧困にする経済』、楡井浩一、峯村利哉・訳、〔二〇一二〕、徳間書店

Strange, Susan〔1986〕*Casino Capitalism*, Blackwell、スーザン・ストレンジ、『カジノ資本主義――国際金融恐慌の政治経済学』、小林襄治・訳、〔一九八八〕、岩波書店

Taleb, Nassim Nicholas〔2007〕*The Black Swan*, Random House、ナシム・ニコラス・タレブ、『ブラック・スワン〔上・下〕』、望月衛・訳、〔二〇〇九〕、ダイヤモンド社

Temin, Peter & Vines, David〔2013〕*The Leaderless Economy*, Princeton University Press、ピーター・テミン、デイビッド・バインズ、『リーダーなき経済　世界を危機から救うための方策』、貫井佳子・訳、〔二〇一四〕、日本経済新聞出版社

Viner, J.〔1936〕"Mr. Keynes on the Causes of Unemployment" *Quarterly Journal of Economics*, 51〔November〕

Walsh, J.〔2008〕*Keynes and the Market: How the world's greatest economist overturned conventional wisdom and made a fortune on the stock market*, John Wiley & Sons, Inc.

Whitaker, J.K.〔1996〕*The Correspondence of Alfred Marshall, Economist, Volume Three, Toward the Close, 1903-1924*. Cambridge University Press.

読書案内

ケインズ経済学から現代経済学まで さらに深く踏みこむために

……伊藤宣広

ケインズに関する文献は膨大な量にのぼるが、二〇〇六年までに刊行されたものについては拙著『**現代経済学の誕生**』の巻末に文献案内を付してあるため、ここでは最小限の必読書を挙げるにとどめ、主にそれ以降に刊行された書籍のうち、日本語で読めるものについて簡単に紹介する。

ケインズ経済学全般については伊東光晴『**ケインズ―〝新しい経済学〟の誕生―**』および伊東光晴『**ケインズ**』（講談社・講談社学術文庫）、ケインズの伝記についてはハロッド『**ケインズ伝**』が今なお最も基本的な文献である。ケインズの投機活動を論じたものでは那須正彦『**実務家ケインズ――ケインズ経済学形成の背景**』が優れている。

近年刊行されているケインズ関連の書籍の特徴として、伝統的な学説史研究というよりは、その現代的意義を問うものが多くなっている。ケインズ学会編『**危機の中で〈ケインズ〉から学ぶ**』（作品社）、ケインズ学会編『**ケインズは、《今》、なぜ必要か？**』（作品社）、の二冊は、まさにそういう問題関心から企画された書籍である。スキデルスキー『**なにがケインズを復活させたのか？**』（日本経済新聞出版社）は、ケインズの伝記作家がリーマンショック後の状況を踏まえて論じたケインズ論である。ジル・ドスタレール『**ケインズの闘い**』は、ケインズの倫理、政治哲学、芸術などに焦点を当てた新しい伝記的業績である。ベイトマン、平井俊顕、マルクッツォ編『**リターン・トゥ・ケインズ**』は、やや専門性の高い論文集であるが、現代のケインズ研究の水準を示している。デイヴィッドソン『**マクミラン経済学者列伝ケインズ**』は、ポスト・ケインズ派の重鎮によるケインズ論である。ケインズの育ったケンブリッジの知的雰囲気や制度を論じたものに、マルクッツォ『**市場の失敗との闘い　ケン**

ブリッジの経済学の伝統に関する論文集』がある。ケインズの晩年における国際舞台での活動については、ベン・スティル『**ブレトンウッズの闘い　ケインズ、ホワイトと新世界秩序の創造**』（日本経済新聞出版社）が詳しい。

『**ケインズ全集**』も、少しずつではあるが日本語版の刊行が続けられている。第八巻『**確率論**』が二〇一〇年に刊行されたことにより、ケインズの著書はすべて日本語で読めるようになった。また、ケインズの著書だけでなく、新聞や雑誌への投稿記事、各種草稿などにも日本語でアクセスしやすくなりつつある。

本書第二章で論じた現代経済学の状況をめぐっては、根井雅弘編『**わかる現代経済学**』、根井雅弘編『**現代経済思想　サムエルソンからクルーグマンまで**』（ミネルヴァ書房）を薦めておきたい。

第4章で扱ったファイナンス理論に関して、効率的市場仮説に肯定的な立場からは、マルキール『**ウォール街のランダム・ウォーカー**』が今なお読むに値する古典的作品である。他方、行動経済学、行動ファイナンスについてはセイラー『**セイラー教授の行動経済学入門**』（ダイヤモンド社）などが興味深い。フリードマンの投機擁護論はフリードマン『**実証経済学の方法と展開**』に収録されている。

伊藤宣広（いとう・のぶひろ）
1977年生まれ。京都大学大学院経済学研究科博士後期課程修了。京都大学博士（経済学）。立教大学経済学部助手、助教を経て、現在、高崎経済大学経済学部准教授。
著書として『現代経済学の誕生――ケンブリッジ学派の系譜』（2006年、中央公論新社）、『ケンブリッジ学派のマクロ経済分析――マーシャル・ピグー・ロバートソン』（2007年、ミネルヴァ書房）、Keynes and Modern Economics（2013年、Routledge）など。

いま読む！名著
投機《とうき》は経済《けいざい》を安定《あんてい》させるのか？
ケインズ『雇用・利子および貨幣の一般理論』を読み直す

2016年8月20日　第1版第1刷発行

著者　伊藤宣広
編集　中西豪士
発行者　菊地泰博
発行所　株式会社現代書館
〒102-0072　東京都千代田区飯田橋3-2-5
電話 03-3221-1321　FAX 03-3262-5906　振替 00120-3-83725
http://www.gendaishokan.co.jp/
印刷所　平河工業社（本文）　東光印刷所（カバー・表紙・帯・別丁扉）
製本所　積信堂
ブックデザイン・組版　伊藤滋章
校正協力：高梨恵一

ISBN978-4-7684-1008-0
定価はカバーに表示してあります。乱丁・落丁本はおとりかえいたします。

活字で利用できない方のための
テキストデータ請求券
『投機は経済を
安定させるのか？』